POR DENTRO DA CABEÇA DOS HOMENS

Luiz Cuschnir

POR DENTRO DA CABEÇA DOS HOMENS

Academia

Redação: Naiara Ragiotti
Capa e ilustração: Silvana Mattievich
Projeto gráfico e diagramação: A2
Preparação: Midori Yamamoto
Revisão: Midori Yamamoto e Gabriela Ghetti

Dados internacionais de catalogação na publicação (CIP-Brasil)
Ficha catalográfica elaborada por Oficina Miríade, RJ, Brasil.

C989p

Cuschnir, Luiz
Por dentro da cabeça dos homens / Luiz Cuschnir. - 1. ed. - São Paulo : Planeta, 2013.
144 p. ; 21 cm.

ISBN 978-85-422-0174-1

1. Relacionamento amoroso 2. Relacionamentos interpessoais 3. Comportamento social 4. Aconselhamento I. Título.

13-02361 CDD: 150
CDU: 302

24/06/2013

Editora Planeta do Brasil Ltda.
Avenida Francisco Matarazzo, 1500 – 3o andar – conj. 32B
Edifício New York
05001-100 – São Paulo – SP
www.editoraplaneta.com.br
atendimento@editoraplaneta.com.br

SUMÁRIO

Prefácio

Um domingo de manhã... no início de 1990.

Casado há doze anos, é dia de sair com os nossos filhos, e damos um tempo até nós quatro nos arrumarmos. André está com quase 9 e Adriana, com 4. Tenho verdadeira obsessão por sair em família, e a programação no fim de semana costuma ser dirigida a eles. Por mais que eu tenha possibilidade de levá-los à escola e trabalhe num consultório perto, esse tempo juntos é uma recarga para a vida profissional, que solicita bastante de mim.

Sou terapeuta, mesmo tendo feito residência médica em psiquiatria. Foram muitas horas de cursos de especialização, além das dedicadas à minha própria terapia (é um requisito mínimo para ser um bom terapeuta) e outras tantas de supervisão dos meus atendimentos com terapeutas mais experientes. Isso tudo inclui os congressos que sempre despertam reflexões sobre os aprendizados das várias atividades que lá ocorrem.

Naquela época, em 1990, eu acabara de retornar de um congresso da International Association of Group Psychotherapy na Holanda, onde fiz um curso que tratava do tema "Gender". Essa palavra, que significa literalmente "gênero" em português, refere-se à condição do masculino ou do feminino. Eu estava encafifado com o que acontecia com homens adultos, pais, que não conseguiam se aproximar dos filhos nem se comunicar com as esposas, e , com esse estudo, pensei que finalmente poderia entender o que ocorre emocionalmente na cabeça deles. Decidi levar esse enfoque para o Brasil e abordá-lo de um jeito menos psicanalítico e mais ativo.

Então, nesse domingo de sol que acabou mudando a minha vida, recebi um telefonema esquisito.

– Dr., o senhor pode falar?

– Sim, quem é?

– Eu sou da revista *Veja* e gostaria de marcar um horário com o senhor para conversarmos sobre as páginas amarelas.

Naquela época, circulava entre os assinantes de telefone um "tijolo" chamado Páginas Amarelas, uma enorme lista telefônica com alguns anúncios comerciais. Pensando ser uma vendedora, respondi imediatamente de uma maneira nada simpática:

– Eu não faço anúncios, obrigado, e estou ocupado com compromissos em casa.

– Mas Dr., não é essa a questão... é sobre uma entrevista...

Ela começou uma explicação, inclusive apontando a importância dessa seção da revista, de que eu nem me dava conta na época. Não era o meu costume ter essa fonte de informação. Mas acedi e marquei um horário possível ao longo da semana.

Ainda meio confuso, resolvi ir ao jornaleiro enquanto a turma lá em casa se organizava. Abri a revista lá mesmo e vi o que eram as tais páginas amarelas. Estava lá o professor Isaías Raw, reitor da Universidade de São Paulo, falando de questões tanto profundas como interessantes.

Senti um misto de descrença, vergonha, medo, ainda achando que não era comigo. Sabe como é quando algo não bate com o que você pensa de você mesmo? Pois é, foi aí que chegou a mim uma oportunidade que pôs à prova todas as possíveis profecias de como seria a vida de um terapeuta jovem, que não tinha nem coragem de falar para uma plateia de médicos no Instituto de Psiquiatria do Hospital das Clínicas da Universidade de São Paulo. A minha timidez era tanta que meus melhores amigos diziam que, se estivessem em uma grande festa de casamento e tivessem de me procurar, fariam isso perto das paredes, pois sabiam que eu não estaria circulando entre o pessoal.

Bom, no final das contas dei a entrevista. Foram alguns encontros, e até que não foi ruim. Acabei achando que fazia sentido falar do que eu via no meu trabalho, e o que eu mais queria era provocar mudanças na visão que se tinha do mundo interno psicológico dos homens, assim como oferecer uma oportunidade de as mulheres voltarem a se questionar sobre o caminho que estavam trilhando em seu processo de afirmação e conquistas.

E eu, que no fundo só queria ter pacientes para trabalhar com as coisas em que acreditava, apareci pela primeira vez na mídia desse jeito. Levou tempo para eu associar que a matéria saiu na semana do Dia Internacional da Mulher. Com a efervescência do Movimento Feminista, uma matéria como essa, sobre o dilema masculino, homenagearia as mulheres e, ao mesmo tempo, ilustraria para elas questões sempre muito indagadas.

Entender como funciona a cabeça dos homens é uma constante em matérias de revista. Numa época em que eles se calavam, praticamente "analfabetos" que eram, sobre a expressão verbal de seus sentimentos, falar a respeito deles era como revelar segredos do FBI ou da Máfia.

Essa situação já mudou, em parte, mas muita coisa ainda precisa ser dita. Então, vamos lá.

Introdução
HOMENS, ESSES ILUSTRES DESCONHECIDOS

Basta uma olhada na banca ou um clique no Google para ver páginas e páginas femininas decididas a investigar os mistérios da alma masculina: por que eles traem, por que não ligam no dia seguinte, por que adoram mulheres poderosas, por que as detestam também, por que não querem compromisso, por que só pensam em sexo, por que não gostam de discutir a relação... A lista de interrogações é enorme. Nunca se escreveu tanto sobre o assunto – ou melhor, nunca as mulheres quiseram saber tanto a respeito do assunto. Pelo menos, não publicamente.

Um ou dois séculos atrás, a maioria das mulheres se preocupava em encontrar um namorado, casar e ter filhos, seguindo à risca a cartilha familiar. Se fosse belo e tivesse uma boa profissão, estava ótimo, já preenchia a vaga de provedor. Ela, quem sabe, entraria com um dote em propriedade ou dinheiro, e o plano estava traçado. Algumas explicações pontuais sobre como se comportar na cama e muitas aulas de prendas domésticas fariam dela excelente esposa e mãe. Se ele tivesse um caso aqui, outro acolá, não cabia a ela tentar entender o óbvio: os homens são assim, minha filha, é da natureza deles. E estava tudo explicado, inclusive com aval de mães, irmãs, vizinhas e amigas.

Ocupadas com o dia a dia, tinham muito com que se preocupar: a casa para limpar, o almoço para fazer, a roupa no tanque para lavar, outra montanha para passar, os filhos para cuidar. Ah!... os filhos, bem assim, no plural: um, dois, três... cinco ou, até, incríveis doze. Não havia anticoncepcional. Tudo funcionava na base da tentativa e erro, como queria a natureza. Não havia o que questionar. A felicidade suprema estava ali, naquele modelo fundado lá na pré-história: "Eu caço, você fica na caverna". Praticamente um monólito.

Mas, como diz o dito popular, a vida costuma pregar peças... O homem descobriu o fogo, a pólvora e o dinheiro – três grandes pilares da sua existência, que passaram a Idade da Pedra para trás e renderam às mulheres uma caverna quase high-tech, com direito a máquinas que lavam, secam, fazem café, trituram alimentos e aspiram o pó. (Confesso que tenho um fascínio especial pelo micro-ondas. Coisa incrível capaz de inventar a transformação do frio para o quente, do cru para o cozido, da perda de tempo para a mágica de dominá-lo.) Resultado: tempo livre, ou melhor, tempo para refletir, pensar em si mesma e no outro – *olhar para fora da caverna* – e questionar. O restante da história todo mundo conhece: as mulheres foram à luta, queimaram os sutiãs e conquistaram inúmeros direitos.

A década de 1980: a virada no comportamento masculino

As reestruturações empresariais foram marcantes na década de 1980. Milhões de pessoas perderam o emprego e tiveram dificuldade de arranjar outro. Naquele período, as demissões afetaram principalmente os homens. Passada a turbulência, as empresas voltaram a contratar, mas com exigências que iam além dos currículos. Atributos como flexibilidade mental, aspecto físico, estabilidade emocional, senso de equipe e pluralidade de experiências tornaram-se decisivos.

Formou-se, assim, terreno fértil para a consolidação profissional das mulheres na década seguinte, porque elas dispunham naturalmente desses atributos. Elas são as mesmas? Não. Eles são os mesmos? Também não, nem estavam preparados para responder à avalanche de perguntas que elas começariam a fazer – muito menos prontos para atender a tantas demandas.

Peço desculpas desde já, mas, mesmo que decepcione algumas leitoras mais adiante, atenção... um segredo: *os homens continuam os mesmos*, pelo menos em alguns pontos e o pior (ou melhor): em muitas características!

O Y da questão

A genética não nos deixa mentir. Mulheres são XX; homens, XY. Uma única letra, e a confusão foi armada. Quando a mulher saiu da caverna e decidiu experimentar a vida lá fora, deparou também com todas as suas angústias, suas vontades, seus medos e desejos. O príncipe provedor deixou de ser absolutamente necessário; com a invenção da pílula – um dos pilares da existência feminina –, a penca obrigatória de filhos foi para a vitrine. Dá para ter, mas só se você quiser.

Do furacão de novidades foi um passo para o mar de interrogações. As mulheres passaram a se questionar e, ao mesmo tempo, a questionar os homens. Muitas perguntas que elas fazem sobre eles na verdade estão fazendo a si próprias. "Por que os homens pensam em sexo o tempo todo?", por exemplo, na realidade pode ser entendido como "Por que nós, mulheres, não pensamos em sexo o tempo todo?" Quando perguntam: "Ele tem medo de mulher poderosa?", querem saber: "Se eu der certo na vida profissional, ainda vou ter paciência para aturar um mala me cobrando para cozinhar e cuidar dele?" Quando a mulher quer saber o que se passa na cabeça do homem, no fundo quer entender também o que se passa com ela. Nesse barulho, elas perguntam, mas nem sempre param para ouvir.

Nem querem ouvir realmente, não vão mudar o jeito de ser só porque ele não gosta. Às vezes, elas mesmas respondem, ensandecidas, milhares de vezes às mesmas perguntas. Eles, por outro lado, tentam explicar algumas obviedades, repetem as respostas, ou inventam alguma desculpa pseudocientífica para explicar o inexplicável.

Para entender o que se passa na cabeça de um homem, é preciso abandonar os clichês. As mulheres odeiam ser rotuladas; os homens não estão nem aí para isso. Sabem que nunca vão ser decifrados porque o que são não aparece nos rótulos. Porque todo rótulo reduz a essência a pó, ou melhor, a letras. Eis o Y da questão, aquele que se bifurca, que não fica só na superfície. E eles nunca darão brecha para que elas os examinem ao ponto de saberem da sua composição elemental, da sua bioquímica biopsicológica.

Quando as dezenas de publicações femininas tentam entender o que se passa na cabeça masculina, quase sempre elas se perdem no marasmo de perguntas e respostas prontas, requentadas à exaustão e que, no máximo, revelam a ponta do iceberg.

Afinal, sempre existe aquilo que ninguém conta porque não encontra quem realmente queira saber. Se quisessem e pudessem saber, teriam de se adaptar de tal modo às expectativas de um homem que não sobraria pó de personalidade nem essência das conquistas feministas.

CAPÍTULO 1
SAIA DA INÉRCIA

Homem é tudo igual?

Até certo ponto, sim. Tanto quanto as mulheres. Mas, assim como existem *mulheres* e *mulheres*, existem *homens* e *homens*. E isso depende muito da fase da vida em que cada um está. Ninguém é igual a ninguém.

Se você tivesse que descrever um homem terráqueo para um ser de outro planeta, certamente elencaria uma série de características capazes de criar uma imagem dele. Esse é o perfil básico, aquele que diferencia um homem de um pássaro, de um carro ou de uma mulher. Esse perfil vale para todos os homens.

No entanto, quando se pretende entender o que se passa na cabeça deles e por que agem como agem, o caminho é "fatiar fino", ir além do que está na superfície. Para fazer uma metáfora com um carro, seria algo mais ou menos assim: todo carro tem motor e rodas, não importa se estamos falando de um Fusca ou de uma Ferrari. Quando se fatia fino, é possível descobrir as peculiaridades de cada um e entender por que funcionam como funcionam, por que custam quanto custam etc. Aliás, indo ainda mais fundo, nem mesmo um Fusca é igual a outro, ou uma Ferrari exatamente idêntica a outra. Podem ter quilometragens diferentes, problemas mecânicos diversos, arranhões em partes distintas, além do modelo e ano de fabricação. Portanto, esqueça as generalizações de botequim. É hora de aprofundar o assunto.

Espelho, espelho meu...

Tente se lembrar da última vez em que conversou com suas amigas sobre namorados, maridos e afins. Há quanto tempo vocês repetem o mesmo discurso e reclamam das mesmas coisas? "Os homens só pensam em sexo, não têm um pingo de romantismo, não ouvem o que a gente diz, não telefonam no dia seguinte, têm a cara de pau de xavecar a nossa melhor amiga (*mui* amiga...), fogem de qualquer compromisso, preferem os amigos a um jantar a dois..." E, por fim, proclamam suas sentenças: "Ele vai ver só!", "Canalha!", "Se eu fosse você, dava-lhe um pé no traseiro", e assim por diante. De vez em quando, cedem, quase submissas: "Ele não presta, mas eu gosto dele". Se uma resolve ponderar sobre as atitudes de cada um, as outras logo se inflamam. É um jogo de cartas marcadas: "Homem é tudo igual: calculista, racional, sexual" e "Mulher é tudo igual: romântica, emotiva, sentimental". Aconteça o que acontecer, não importa a história que se conte ali: o final é sempre o mesmo.

Portanto, se você realmente quiser saber o que se passa na cabeça dos homens, esqueça o mi-mi-mi dessas conversas e prepare-se para se autorreprogramar. Só assim terá um retrato completo e fiel da mente masculina. Pode parecer complicado, mas no fundo é bem mais simples do que parece, pois parte do princípio de que não se pode entender o outro quando não se é capaz de observar a si mesmo. Isso não quer dizer que se precise de um diploma de divã. É só ter coragem de sair da inércia para pôr em prática as estratégias a seguir.

Estratégia número 1: coloque o machismo no devido lugar

Boa parte da lista de reclamações femininas a respeito dos homens está, de certa forma, ligada a essa palavrinha que nasceu no mundo animal: machismo, de macho, em oposição a fêmea.

Antigamente, havia uma diferença bem grande entre o "filho homem" e a "filha mulher". O menino tinha de ser criado para aprender a bater e a revidar. Qualquer coisa que inspirasse um tiquinho assim de sentimentalismo – lágrimas, nem pensar! – era o suficiente para rotulá-lo de fraco, bobão ou mesmo maricas. Pelo menos, era isso que o pai tentava passar ao "filho homem": "Seja homem, não chore!" A mãe, por outro lado, para fazer jus à fama de grande leoa, pronta para defender sua prole, não ajudava muito, protegendo o garoto dos petelecos do pai e fazendo de tudo um pouco para transformá-lo no famoso "filhinho da mamãe".

Mesmo que isso pareça coisa do século retrasado, e você não tem tantos anos assim, certamente lhe soa familiar. Mulheres de todas as idades sabem muito bem o que é uma sogra defendendo o filho. Raras são aquelas que admitem todos os erros do queridinho. E, na dinâmica destrutiva do casal, o pai chamado de ausente (nunca de expulso do contexto do relacionamento com os filhos, vide alienação parental) não conseguia entender o que se passava com esse filhinho. Só ela...

Na outra ponta, a "filha mulher" era criada para ser boa esposa, excelente mãe e, de preferência, bem prendada. As lágrimas estavam liberadas; aliás, caíam-lhe muito bem. Sem orgasmo, melhor ainda. Quanto mais (parecesse) meiga, (parecesse) calada e (parecesse) pura, melhor. Trabalhar fora, nem pensar. Não porque não fosse capaz, mas era obrigação do marido sustentá-la. Convinha não se sobressair muito em nada para não ofuscar nem desestimular o marido. Um homem incapaz de sustentar uma mulher, mantendo casa e filhos, não podia ser levado a sério. Era, no máximo, um boêmio, aventureiro.

Analisando-se esse cenário dois séculos depois, fica fácil perceber que a vida não era exatamente fácil para nenhum dos dois. Há décadas percebo que as mulheres têm condenado esse passado de cinderela chorona à espera de um príncipe. Com boa dose de razão – afinal, ninguém é feliz para sempre numa caverna, ou num castelo.

Nesse cenário, os homens são sempre maus e carrascos – mais conhecidos como machistas –, e elas, as vítimas. Ninguém discute o fato de que homens e mulheres devam ser igualmente respeitados, amados e remunerados, mas daí a se achar uma única vítima de um esquema social é, no mínimo, ingênuo. Quem foi que disse que o príncipe estava mesmo feliz com esse papel de encontrar uma dona para o sapatinho, pedi-la em casamento, cuidar do reino, das invasões e guerras e dos herdeiros do trono...? As obrigações dessa posição levavam-no a abdicar de tudo o que tivesse a ver com diversão e prazer; pelo menos nas aparências, e só nas aparências, para não manchar a imagem social de certinho (falsa, é claro). Tudo isso sem permissão para ataques de pânico ou enxaquecas, chororôs ou chorumelas – sob pena de ser banido do papel de homem macho e másculo. E não pense que para por aí.

Por mais que as mulheres digam hoje que gostariam de ver os homens expressando mais os sentimentos, na prática, a maioria acaba se assustando quando encontra um homem assim. Elas querem isso, mas, quando finalmente o encontram, descobrem que não era bem aquilo que queriam. O que é perfeitamente compreensível. Afinal, as mulheres também foram criadas para serem amparadas e se sentirem seguras. Em muitos casos funciona mais ou menos assim: eu choro, e você cuida de mim. E não é que um engana o outro, não. Está tudo combinado; cada um faz a sua parte porque "o combinado não sai caro". O problema é que, às vezes, sai, sobretudo porque ninguém aguenta ficar por cima ou por baixo o tempo todo.

Quando se levanta o tapete do passado, muita coisa vem à tona. Uma delas é a de que não existem só culpados, ou só vítimas. Portanto, coloque o machismo no devido lugar, não necessariamente na testa de todos os homens (nem ausente nas mulheres). Alguns podem até merecer o rótulo, mas o mundo também não é feito só de princesas inocentes. Há muita bruxa má por aí, capaz de transformar um belo príncipe num asqueroso sapo. Pense nisso.

O PAPEL DOS PAIS

Atualmente, acredita-se que a maioria dos meninos e meninas tem recebido uma criação diferente. Mas até que ponto? A maioria dos pais de hoje em dia não está pensando em criar donzelas para serem encasteladas, tampouco querem garotos com um sapatinho de cristal no bolso. Os contos de fadas perderam a graça, mas o teatro social ainda vende ingressos para a mesma peça: meninas são meninas e meninos são meninos que mais adiante terão de parecer iguais para não ficarem mal com a mídia ou sociedade. Na plateia, pai (homem) e mãe (mulher) aplaudem.

As dúvidas são constantes e intensas, pois ninguém sabe ao certo como preparar esses futuros adultos. Particularmente, o homem precisará cada vez mais desenvolver habilidades que o mantenha ativo, equilibrado, atento a suas emoções e desejos, para não cair em contradição sobre o que oferece e o que tem condições de atender. Ao mesmo tempo, precisará de coragem para se posicionar com clareza diante da mulher, sem se expor antes da hora. E, para que esse projeto dê certo, é vital que a mulher se comporte de modo a não vender para os filhos suas decepções com os homens e, principalmente, com o pai deles – seu marido.

Nem ogro, nem frágil

Desfeito o clichê de que todo homem é um ogro machista, insensível e repugnante, é hora de varrer os modismos.

Nos últimos anos, tem-se se cultivado a ideia de que o homem contemporâneo seria, então, o sexo frágil, completamente perdido diante da mulherada que saiu da caverna, foi à luta e passou a invadir cargos de chefia nas empresas, nos bancos e até na presidência. Não, o homem não está perdido, nem atordoado com as conquistas femininas.

No final dos anos 1980, quando comecei minha carreira nessa área, encontrei homens que estavam, sim, estagnados em seus papéis, ainda muito presos àquela fôrma de provedores, enrijecidos em conceitos tidos como machistas. Mas eles logo perceberam que precisariam se preparar para as mudanças que estavam por vir – principalmente para a diversidade de papéis que passariam a exercer. Isso não quer dizer que eram de aço e, de repente, se viram como taças de cristal, prestes a se quebrar.

A equação é muito mais simples: com a entrada da mulher no mercado de trabalho, diminuíram as vagas para eles; com isso, a competição pelo sucesso profissional ficou mais acirrada. Houve aí um remanejamento natural na sociedade: muitos homens passaram a atuar mais no âmbito doméstico, ao passo que se reduziu o número de mulheres disponíveis para exercer as mesmas funções de antes, como limpar, lavar, cozinhar etc.

Claro que essa "repaginação social" exigiu – e ainda exige – que homens e mulheres conversem mais a respeito de seus papéis e suas funções na sociedade. Se, por um lado, a mulher descobriu que há vida lá fora e que ela pode se realizar em outras atividades tão diferentes daquelas a que estava acostumada, o homem também percebeu que o trabalho – e, com ele, o fardo do provedor – não é a sua única fonte de realização pessoal. Não há ganhadores e perdedores. Todos têm a ganhar nesse jogo.

Quando se começa a enxergar o outro como um igual – no sentido nobre dessa palavra –, fica mais fácil entender o que se passa na cabeça dele. Em última instância, funciona mais ou menos assim: imagine que homens e mulheres estejam a bordo de uma nave, cuja missão seja encontrar um planeta chamado Felicidade. O objetivo é o mesmo, mas cada um tem em mente um plano para chegar lá. É aí que começam os problemas. Se você já viajou com uma turma de amigos, sabe o que quero dizer. Enquanto um quer tomar sol o dia inteiro, o outro só pensa em fazer compras; um quer churrasco, o outro é vegetariano; dois preferem ir ao cinema, mas outros dois votam no barzinho. Se não houver conversa e, sobretudo, respeito, não raro cada um vai para um lado e fim de papo. A viagem termina e você jura que nunca mais vai viajar com aqueles chatos!

Hora de pôr em prática a estratégia número 2.

Estratégia número 2: respeite as diferenças

Homens e mulheres são diferentes, e ponto final. Portanto, se você quer entender um homem, não tente ser igual a ele. Pior: não queira fazê-lo *agir* como uma mulher.

Isso não tem nada a ver com o discurso feminista dos direitos iguais. Muita gente confunde isso. As próprias feministas andaram confundindo um pouco as coisas e meteram os pés pelas mãos achando que, se queimassem os sutiãs, ficariam em pé de igualdade com os homens. Ledo engano.

Existe uma diferença enorme entre ser igual e ter os mesmos direitos. Homens e mulheres devem ter os mesmos direitos como seres humanos e cidadãos. Isso não se discute. Mas daí a torná-los iguais é, no mínimo, perda de tempo.

Homens e mulheres são diferentes do ponto de vista físico e no modo de agir – ou seja, têm comportamentos distintos. Isso começa lá na infância, mais ou menos por volta dos três anos de idade, quando o sexo deixa de ser algo "neutro". Os meninos descobrem que não podem amamentar a boneca, por exemplo, enquanto as meninas são orientadas a não sentar de pernas abertas com saias. É o início da identidade sexual. Lá pelos sete anos, cada um já conhece seu papel segundo o gênero a que pertence e, aos poucos, o menino terá de "romper" com a mãe para se diferenciar dela. Afinal, até certa idade, é muito comum que o garoto reproduza os gostos, os jeitos e os trejeitos da mãe, justamente por conviver de forma muito próxima a ela. Isso, não raro, gera nos pais o receio de que o menino não alcance a diferenciação, afastando-se do aprendizado que propicia a estruturação de um jeito masculino de ser.

Querendo ou não, sabe-se bem como esses jeitos e trejeitos são capazes de levar a grandes conflitos internos e de relacionamento; daí a importância de conhecer um mundo diferente do materno. Há diversos recursos disponíveis para isso, aos quais se aliam a efervescência dos impulsos sexuais que dominam o garoto nessa fase. É nesse período que costumam aparecer as brincadeiras sexuais com outros meninos, mais tarde relembradas em vários momentos da vida e ao mesmo tempo altamente reprimidas. Muitos homens adultos criam artefatos como os machistas para lidar (mal) com essas lembranças.

Quando passam pela adolescência, os mais afoitos se entregam a contatos sem se conectar com o que sentem e experimentam um prazer que, ao mesmo tempo, os livra do medo da homossexualidade (que os assola e pode persistir até a fase adulta) e proporciona a concretização de fantasias eróticas comuns ao grupo em que vivem. Aliás, o grupo tem aqui um papel importante, onde uns aprendem com os outros. O prazer dessa fase meio libertina pode ser tão marcante que muitos homens jamais abandonarão a prática, seja com prostitutas, seja com amantes casuais, sem nenhum tipo de significado afetivo. É apenas um resquício da liberdade irresponsável e fantasiosa daquela fase.

No entanto, deixando de lado a influência da mídia, da escola e da sociedade como um todo, o fato é que na adolescência todas as diferenças entre os dois sexos – físicas, comportamentais, verbais e não verbais – já se solidificaram. Não vem ao caso esmiuçar cada umas delas, lembrando ainda que nada deve ser encarado como absoluto. Sempre haverá exceções. O mais importante é entender que a tendência a olhar diferentemente para o mundo coincide com as formas de relacionamento que o homem estabelece com a mulher.

De acordo com a Eurydice and Education, Audiovisual & Culture Executive Agency (EACEAG), as meninas e as adolescentes têm mais facilidade com a leitura, mas seu interesse e desempenho em matemática equiparam-se aos dos meninos; nos últimos anos escolares, porém, eles mostram mais aptidão nessa área. Em ciências, tanto meninas quanto meninos demonstram o mesmo interesse, mas elas têm mais insegurança em relação ao conhecimento dessa matéria. Segundo a instituição, os dois sexos se interessam igualmente pelas carreiras profissionais, não se distinguindo em suas escolhas. Elas, porém, apresentam melhores taxas de aprovação final pré-universitária e menor índice de abandono escolar.

Eles são mais fortes fisicamente e menos resilientes, veem o mundo em termos de teorias, técnicas e ideias e têm mais aptidão para questões científicas, espaciais e numéricas. As meninas, por sua vez, atingem a maturidade física e psicológica mais cedo, são mais sociáveis e maternais, veem o mundo do ponto de vista pessoal, estético e moral e desenvolvem melhor e mais precocemente as competências verbais.

Os comportamentos físicos e aspectos da sexualidade são os que mais flagrantemente diferem homens e mulheres. Mulheres são sempre mulheres, e homens são sempre homens. E não é preciso ir muito a fundo para elencar algumas diferenças essenciais.

As mulheres são, por exemplo, mais expressivas que os homens; costumam estabelecer maior contato visual, falam mais, ouvem de modo a analisar toda a situação e têm mais facilidade para interpretar sinais não verbais. Dessa forma, os homens são considerados menos expressivos, fazem menos contato visual, têm dificuldade para ouvir e prestar atenção ao mesmo tempo e não são muito gestuais. Falando assim, parece até que as mulheres são seres de carne e osso e os homens, feitos de gelo. Daí a importância de não cair em generalizações. Tudo isso é verdade, mas não definitivo – afinal, existem vantagens e desvantagens em ser muito expressivo, olhar nos olhos, ouvir "com os dois ouvidos" ou falar com as mãos.

Na prática, a mulher ouve menos e fala mais. Com isso, expõe-se mais, ficando mais sujeita a ser avaliada e, muitas vezes, desacreditada no que diz respeito ao próprio relacionamento. Em contrapartida, o "falatório" também serve de reflexão, permitindo-lhe elaborar conjecturas que levam a um discurso bem mais completo e ampliado.

O homem, por outro lado, leva vantagem ao falar menos e, logo, expor-se menos. Com essa habilidade, ele se acostuma a guardar o que sente, colocar tudo em "caixinhas", se desviar do que incomoda e se envolver em outros assuntos, que vão desde o trabalho – passando pelas notícias – até os carros e o futebol. Quando ele volta desse mundo, não está com a bateria carregada e tem menos interesse em conversar sobre tudo o que aconteceu entre os dois.

Uma avaliação rápida, até mesmo superficial, dá-lhe uma noção do que está acontecendo e ele "tica" essa etapa, partindo para a próxima. Ao ver a situação dessa maneira, sem esperar por grandes vendavais, nem se propor a promovê-los, o homem se desgasta menos, permitindo-se ficar mais disponível para os seus próprios projetos, sem tanta interferência do relacionamento afetivo com a mulher. É assim que os homens lidam com situações estressantes, por exemplo. Enquanto elas precisam falar, falar e falar, de preferência em alto e bom som, para se conectar com os problemas e partilhá-los, eles preferem se retrair, mudar de canal mesmo, até a poeira baixar. São formas diferentes de lidar com situações semelhantes. Como diria a novelista americana Ellen Glasgow (1873-1945), "as mulheres gostam de se sentar com os problemas como se eles fossem o tricô". Os homens guardam os seus no armário e vão ver a final do campeonato brasileiro. Quando eles voltam, às vezes os problemas não estão mais lá; talvez nem fossem problemas de verdade... Isso não significa que os homens nunca pensem em seus problemas. Eles pensam, sim, e muito – mas guardam seus pensamentos nos recônditos da alma, sem verbalizá-los tal como elas.

Respeitar as diferenças significa entender essa dinâmica e, quem sabe, aprender com ela. No âmbito dos relacionamentos, homens e mulheres têm mais chance de serem felizes, se aprenderem com suas diferenças, em vez de tentar exterminá-las.

Estratégia número 3: esqueça os exageros feministas

Quando a mulher se arma desse tipo de exagero, ela parte do princípio de que todo homem deseja a "mulher de antigamente" – submissa, passiva e dependente dele –, pronta para ser controlada e monitorada. E está redondamente enganada. Quer um exemplo?

Está na moda dizer que "mulher independente assusta os homens". Nada disso. Eles já entenderam perfeitamente a nova ordem sociomatrimonial, em que as mulheres trabalham fora e dividem as despesas. E mais: eles não só acham isso ótimo, como se sentem atraídos por essa mulher. O que os incomoda é a forma como elas lidam com essa situação e com os próprios sentimentos, afastando-se muitas vezes de sua identidade feminina. Não se trata de dizer que o homem quer "uma mulherzinha" (outro modismo). Não é isso. O que ele não quer é uma mulher travestida de homem, masculinizada para não parecer insegura e desconfiada das próprias conquistas.

Estratégia número 4: fale menos e comunique-se mais

Ela pode até passar horas e horas tagarelando com suas amigas sobre os mais diversos assuntos – de esmaltes a dilemas existenciais cabeludos. Mas, se quiser estabelecer uma conversa realmente produtiva com um homem, tem de parar de falar pelos cotovelos e começar a se comunicar. Não, não é a mesma coisa!

Quando uma mulher quer saber algo sobre um homem e começa a bater na mesma tecla, com aquele tom de voz do tipo "Precisamos conversar", a primeira coisa que ele fará é fugir. Para bem longe. E por um simples motivo: ela acaba de imitar a mãe dele! Portanto, a ordem é abandonar o blá-blá-blá. Funciona entre mulheres, que "ouvem o mundo" de forma diferente. Recomendo, então, que com os homens:

1. Escolha o momento certo de falar. Sempre há uma boa hora para dizer uma coisa. Qualquer coisa. Isso não vale só para namorados, maridos e afins. Inclua aí pais, filhos, chefes ou cunhados.

2. Decida-se por um objetivo. Definitivamente, não dá para ter tudo de uma vez, e do jeitinho que a agrada. Não é porque escolheu o momento certo, e ele lhe deu ouvidos, que você precisa desfiar o rosário de queixas e solicitações. Homem não é Procon.

3. Seja concisa. Use o menor número de palavras possível e não faça rodeios, muito menos joguinhos. Evite introduções longuíssimas e não tente explicar, explicar, explicar. Isso é uma conversa, não uma tese de mestrado. De novo: você não está no salão de beleza, e ele não é o seu psicanalista.

4. Trate-o como gostaria de ser tratada. Resumindo, maneire o tom. Procure ouvir a própria voz enquanto estiver falando. Só as garotinhas mimadas resmungam ou berram quando querem ser ouvidas. Você é uma mulher adulta.

5. Não critique, nem tente dar uma lição de moral. Ele vai fugir para o quarto, igualzinho fazia quando a mãe vinha com broncas do tipo "Vá estudar, menino!", "O que você quer da vida"? ou "Largue esse videogame". Exponha os fatos e não recorra a ameaças. Será mais fácil fazê-lo prestar atenção e obter uma resposta.

6. Ouça o que ele tem a dizer e não o interrompa. Essa é uma das principais diferenças entre falar e comunicar-se. Falar é uma via de mão única; comunicar-se é uma via mão dupla.

7. Diga apenas uma vez. Parta do princípio de que você está diante de um cara que vale a pena, e não de um asno – ou seja, ele já ouviu. Um possível silêncio não significa que você precisa repetir o que foi dito a noite inteira. Ao contrário do que muitas mulheres pensam, os homens ouvem, sim! Não necessariamente querem atendê-las... Mas isso já é outra história.

8. Começar por uma autoavaliação, em vez de uma autocomiseração, dá uma boa margem de manobra para que ele saia da posição de errado e culpado por tudo o que não está

dando certo. Ele se sentirá menos acuado, e a conversa só terá a ganhar com isso.

9. Chorar pode ser muito bom para ele se sentir o macho da relação, mas não vale investir nessa técnica só para colocar toda a culpa na mão dele. Na hora, o chororô pode até funcionar, terminar na cama e tal. Mas um relacionamento não cresce baseado em dó ou pena. Aos poucos, a chorona vira coitada, e ninguém fica apaixonado por uma pessoa assim.

AS MENTIRAS QUE ELES ADORAM CONTAR

É claro que ouvi...

A cena é típica: ele está assistindo ao futebol e ela começa a contar uma história interminável e rocambolesca, com inúmeros personagens. Dez minutos depois, ela pergunta: "O que você acha?". Ele continua mudo, e tudo o que se ouve é o locutor do jogo. Enfurecida, ela capricha no trabalho das cordas vocais: "Você ouviu o que eu falei?". Não, ele não ouviu. Simplesmente porque estava fazendo outra coisa – e os homens não funcionam fazendo duas ou mais coisas ao mesmo tempo. Mais focados, eles fazem apenas uma coisa de cada vez. Portanto, não adianta ficar tagarelando na hora errada.

Estratégia número 5: não queira dar sempre as cartas

As mulheres nem percebem, mas estão sempre querendo dar as cartas, ou seja, determinar o rumo que as coisas devem seguir e como elas devem seguir entre vocês. Então, lembre-se: se você der sempre as cartas, vai acabar jogando sozinha. Afinal de contas, você quer entender o que se passa na cabeça de um homem ou de um robô sob o seu comando?

Isso acontece mais do que você imagina, e certamente já lhe aconteceu. No começo de um relacionamento, aquele homem é maravilhoso, gentil, educado, carinhoso, sexy... ou seja, quase preenche os mais de 150 pré-requisitos que o tornam a mistura perfeita de Brad Pitt com Da Vinci. *Quase* mesmo. Porque logo você vai começar a tomar nota de pequenos "defeitinhos" do tipo "Ele não liga todos os dias", "Já faz um mês, e ele nem toca na palavra relacionamento", "Ele bem que podia se arrumar mais para sair comigo", quando não o "Ele se esqueceu de dar boa-noite".

Quando os homens não agem exatamente como as mulheres acham que eles devem agir, elas começam a dizer que não conseguem entendê-los. Você quer saber o que se passa na cabeça deles? Esqueça as *suas* regras e concentre-se na estratégia número 6.

Estratégia número 6. Deixe o homem ser... homem!

Parece óbvio, mas, muitas vezes, quando mulheres dizem que os homens são seres estranhos, confusos e incompreensíveis, não estão realmente tentando entendê-los; é apenas a percepção de que eles estão agindo fora do previsto – *por elas*. Homens são homens, e não bonequinhos de vodu, que agem ou reagem de acordo com o seu feitiço. No início, ele pode até fazer o que você quer, falar aquilo que você quer ouvir ou agir de forma a agradá-la. Mas isso não dura para sempre. Chega um dia em que ele volta a ser ele mesmo; para muitas mulheres, nesse dia, ele se transforma num sapo, e elas saem em busca – de novo – do ser que existe só na cabeça delas: um misto de homem forte e sexy com jeitão de melhor amiga.

Os homens estão em busca da plenitude como ser humano da mesma forma que elas. Para tanto, precisam se descobrir e continuar o percurso das conquistas e aventuras. Isso em termos bem amplos, porque não necessariamente serão aventuras sexuais ou amorosas. Eles precisam sair do lugar, sentir que têm algo que ainda não têm e testar a capacidade de obter mais. Podem ser bens materiais, poder ou viagens internacionais fantásticas. Necessitam de ambientes masculinos onde se alimentem do que é típico deles, das conversas cifradas, das paixões que os aceleram e põem à prova sua condição de sentirem-se ainda fortes e ativos.

Disso as mulheres não entendem, nem precisam entender, e é melhor que não tentem entrar nessa espécie de "batcaverna", pois vão se decepcionar com o que possa parecer, para elas, *nonsense*. Afinal, não necessariamente há sentido em falar de futebol horas a fio, pensar em consertar ou comprar um carro pelo menos uma vez ao dia, ser compulsivo em atividades físicas, ficar meditando sobre as contas ou a posição que ocupa no trabalho. É o mundo deles... Se você quer entender o que se passa na cabeça deles e, principalmente, quer viver e conviver com eles, deixe que sejam o que realmente são: homens.

Estratégia número 7: não tente mudá-lo

A única mulher capaz de mudar um homem é a mãe dele – no berço. É só nessa fase da vida, quando os homens ainda são crianças, que se pode fazer alguma coisa sobre torná-los mais ou menos afetivos, falantes, descontraídos ou gentis. A forma como um menino é educado certamente terá impacto no adulto que ele será no futuro. Na verdade, isso não vale só para os homens, mas para as mulheres também. Meninas criadas sob condições extremas – ou mimadas demais, ou desprotegidas demais – também vão refletir isso na vida adulta e em seus relacionamentos.

Depois de adulto, cada um é o que é. Portanto, não caia na armadilha de achar que "Ele é legal, só precisava mudar isso e aquilo, mas dou um jeito depois". Não dá. Insistindo, quando você se der conta, ele já estará bem longe.

Estratégia número 8: Não seja um clone dele

Meia hora de conversa, e pronto: o cara adora artes marciais, curte filme de ação e não perde o futebol aos domingos. Você, que só viu uma luta marcial na tevê, prefere comédia romântica e não perde aquele seriado da moda, de repente se transforma num clone do fulano. Convenhamos: uma coisa é descobrir novos gostos e trocar experiências. Outra, bem diferente, é achar que só será amada, respeitada e desejada, se gostar exatamente das mesmas coisas que ele, praticar os mesmo hobbies e ter as mesmas opiniões sobre tudo. A pergunta é muito simples: quanto tempo você aguentaria namorar um clone seu de cuecas?

Muitas mulheres, seja por insegurança, seja por um tantinho de imaturidade, tendem a se esquecer do que gostam, do que pensam e do que querem para si só para agradar alguém que, supostamente, seria o homem de seus sonhos e, portanto, se sentem compelidas a se parecer o máximo possível com seu objeto de desejo.

É verdade que existem duas categorias de mulher nesse tipo de situação: as que se tornam um clone de propósito, como parte de um plano (bobo) para segurar aquele homem, e as que nem percebem que se tornaram um clone dele, tão desamparadas que estavam de si mesmas. Mas não importa a categoria. Há aí pelo menos dois equívocos: o primeiro é que isso não vai durar muito tempo; afinal de contas, todas as máscaras caem um dia – todas, sem exceção. O segundo é consequência do primeiro: quando a máscara cai, paira um silêncio perturbador; nesse momento, a única coisa que se ouve é "Quem é você?".

Esse tipo de atitude tem um quê de poeira, dos idos séculos passados, em que a mulher devia obediência ao marido e tinha de se comportar como mandava o figurino. Se ele não gostasse de determinada comida, o prato não apareceria na mesa; se ele preferisse cinema a teatro, ela não tinha nada que opinar, bastava que se arrumasse e o seguisse; se os negócios o obrigassem a participar de determinadas reuniões sociais, ela deveria estar a postos para acompanhá-lo, gostasse ou não do evento. O casal perfeito era, assim, um par de jarros – claro que ele era o jarro grande, e ela, apenas a jarrinha.

Mulher, seja você mesma, não tenha medo de dizer o que pensa, nem de discordar. Não há nada mais sedutor do que ser autêntica. E os homens sabem disso.

Estratégia número 9: não faça dele sua razão de viver, mesmo que você considere o dito-cujo a pessoa mais importante da sua vida.

É claro que é legal ser prioridade na vida de uma mulher. Homem gosta disso, e muito. E sente-se muito mal quando está no meio da lista (no final dela, pior ainda). Ele quer ser considerado, incluído, acompanhado e ter espaço para dar apoio e suporte à mulher. Mas entregar-lhe toda a razão de estar respirando e com o coração batendo é o mesmo que emitir uma promissória impagável: logo, logo, ele vai arrumar um jeito de se livrar dessa conta interminável. Nenhum homem – diga-se de passagem, nenhuma mulher – vai querer passar a vida como um balão de oxigênio. Mais dia, menos dia, ele clamará por ar puro, longe dessa enorme carga de CO_2 que ela expira.

Sabe-se que a mulher se sente extremamente desvalorizada quando percebe que seu companheiro tem atração por outra, ainda mais se isso se comprova em frequentes puladas de cerca dele. É como se ele tivesse se sintonizado com a estação de rádio do inimigo, transmitindo minuto a minuto todas as informações sobre as próximas estratégias de conquista daquele território.

Mas que território é esse? Quem sabe uma ilha deserta, onde os dois só têm olhos um para o outro e vivem das brisas, do peixe pescado na hora, do coqueiro que dá água e sombra (escassa, não?). Um lugar paradisíaco, onde não há ninguém para perturbar, celular não pega, TV não importa e os dois podem ficar ali, feito dois pombinhos, um em função do outro – o tempo todo. Não dá, pelo menos ele não aguenta. Às vezes, é até mesmo engraçado ver legiões de homens mal-humorados, que não querem sair o tempo todo, mas que, de repente, quando surge uma aventura fora da rotina, não hesitam em ir, sem avisar ninguém – nem ela.

A mulher tem o péssimo hábito de acreditar no papinho de que é a única que circula pelo pensamento de um homem, a única que o atrai, a deusa poderosa que tem o dom de blindá-lo para o mundo. Mas não é assim que funciona. Não importa o tipo de "acordo" estabelecido, ou melhor, a justificativa que se vá dar para uma mentira quando a verdade aparecer ("Ele prometeu e não cumpriu, é um canalha", ou "É igualzinho ao pai"). O negócio aqui é mostrar como os homens são. E eles são assim. Esperar algo diferente disso é forçá-los a mentir, falar o que não são ou o que não pensam nem sentem.

Por último, para elas eu digo: não, ele não é pessoa mais importante da sua vida. *Você* é a pessoa mais importante da sua vida.

AS MENTIRAS QUE ELES ADORAM CONTAR

Eu só tenho olhos para você...

Dê uma de surda, ou saia correndo. Nunca aceite como verdade papos furados desse tipo. De uma vez por todas: eles só duram enquanto ele a quiser na cama ou em determinada posição que o interesse vitalmente. Os homens podem até ter dificuldade para falar de sentimentos mais profundos, mas conseguem ser muito insinuantes e persistentes quando o assunto é dobrar uma mulher para conquistá-la. Depois disso, o plano é mantê-la sob seu controle, até para oferecer-lhe o que ele tem. Tudo o que ele não quer é uma mulher que saia por aí, sem dar bola para o que ele tem, só se importando com o que ele *não* tem.

Estratégia número 10 – Não dependa dele para se sentir linda, desejada e maravilhosa

Depender é sempre uma faca de dois gumes, principalmente quando o assunto esbarra na autoestima. De um lado, não há nada de errado em se sentir linda, desejada e maravilhosa, não só na opinião de um homem, mas de vários deles. A opinião masculina alimenta a autoestima feminina, e vice-versa. Mas nem só de opinião vive a autoestima.

Não é um homem, apenas um homem, que vai decidir o quanto uma mulher é melhor, mais bonita e mais sexy, a que pódio ela pode chegar ou quão extraordinária na vida ela é. O mundo lá fora é muito maior do que isso, e só algo tão grande assim é capaz de avaliá-la e confirmá-la como mulher atraente, interessante, desejável, feminina etc. O olhar masculino pode ser muito importante, mas a confirmação feminina precisa ser multidimensional.

Além disso, um único homem não é capaz de suprir todas as necessidades de autoconfirmação de uma mulher. Os homens também têm vida própria e desviam sua atenção para outros temas do dia a dia, preocupando-se com diversas demandas pessoais e percorrendo inúmeras pistas – não só aquela que os leva a elogiar os atributos e as habilidades de uma mulher.

Estratégia número 11. Não encare os homens como pacotes de lasanha

Sabe a história do "Tem, mas tá em falta"? É quase um mantra feminino. Há anos, ouço mulheres de todas as idades afirmar que "está faltando homem" na praça. Não, não está. Homem tem, mas você não vai encontrá-lo em prateleiras, como uma embalagem de lasanha congelada, daquelas que você leva para casa, deixa cinco minutos no micro-ondas e pronto: já pode consumir!

Por um momento, você até pode pensar que muito homem faz isso: vai ao mercado, escolhe uma mulher-fruta, consome-a e ponto final. Ok, isso existe, e nada impede que uma mulher dona do seu nariz escolha um garoto de programa para passar a noite, pague a conta e volte para a sua rotina. Mas, se a ideia é entender o que os homens pensam e como eles funcionam, não vai ser brincando de *fast food* que você vai conseguir isso.

Lembre-se: o primeiro passo para entender qualquer coisa é se dedicar a ela. Dá trabalho? É claro que dá! Como tudo na vida que vale a pena.

Isso também vale na hora de manter um relacionamento: aceitar o outro e aceitar-se, persistindo no exercício da conquista. Os homens gostam disso, e não preciso dizer que conquistar não é sentar o bumbum em cima e ficar tomando aquela água de coco da ilha deserta. Muito pelo contrário, quanto mais movimento, melhor; sempre aumentando a performance, com alongamentos depois, e adaptando-se para o que o tempo atual permite. Nada de exageros, nada de relacionamento com jeito de sofá-cama, onde já se sabe tudo o que vai acontecer.

Estratégia número 12. Não aja como se ele fosse uma lista de supermercado

Com a independência afetiva e financeira, muitas mulheres descobriram a beleza do poder de escolha. Se antes elas não tinham direito a optar pela carreira ou pela família, hoje podem decidir se querem se casar, se vão ser mães e se preferem se dedicar em tempo integral aos filhos. Maravilha, não poderia ser melhor.

O problema é que, muitas vezes, esse poder de escolha é levado às últimas consequências, estendido aos mínimos detalhes – tão adorados pelas mulheres.

Então, quando encontram um homem que as interessa, logo se munem de uma espécie de lista de supermercado, que reúne tudo aquilo que elas querem levar para casa: músculos, beleza, romantismo, cavalheirismo, cumplicidade, respeito, dinheiro etc. E vão ticando... até que descobrem que não podem ter tudo e aí se decepcionam, abandonam o carrinho e partem em busca de outro estabelecimento.

Homem não está no supermercado! Você não vai encontrar tudo o que precisa num único lugar. Certa vez, o *New York Times* publicou uma lista elaborada por "especialistas em relacionamentos" indicando o que casais deveriam se perguntar antes do matrimônio... A relação era extensa: filhos (quantos ter e quem cuidaria deles), obrigações financeiras, gastos, doenças , provas, necessidades sexuais, TV no quarto de dormir, educação religiosa, amigos de cada um, pais de cada um e suas interferências na vida do casal, abdicação de sonhos e metas em nome do casamento etc.

A máxima "seremos felizes para sempre" pode servir por um tempo, mas, para a saúde de qualquer relacionamento, é preciso uma revisão constante sobre as necessidades de cada um, o que ainda existe na despensa e o que está faltando. Não só na dispensa do relacionamento como na individual de cada um. Afinal, a máxima é velha, mas continua valendo: muita coisa que procuramos nos outros está em nós mesmos.

Estratégia número 13. Não seja a bruxa má do Oeste

Os homens não são seus arqui-inimigos. Pode até ser divertido passar horas e horas com as amigas falando mal da turma dos cuecas. Mas tudo tem limite. Vestir uma armadura e se posicionar no front de batalha à espera da presa não vai ajudá-la a entender o que os homens pensam, como eles funcionam e, muito menos, a se relacionar com eles. No máximo, botará todos para correr.

Agora que você já se autorreprogramou, livrando-se de clichês e atitudes pouco saudáveis, chegou a hora de descobrir a mente misteriosa desse ilustre desconhecido. No Capítulo 3, você vai saber de uma vez por todas como os homens são, sem cortes nem censura.

ALERTA MÁXIMO!

Você não sabe o que se passa com ele nem se ele está se preparando para dizer algo importante para vocês.

Nunca atenda o celular de mãe, pai, filhos, amiga!

Você corta o barato dele (e depois não adianta reclamar que ele é distante).

O motor demora para pegar e "afoga" bem rápido.

Capítulo 2
AÇÃO E REAÇÃO

Os homens são sempre homens. Pode parecer uma frase empoeirada, daquelas que as nossas avós viviam repetindo, mas não é. Quem complica são as mulheres, que insistem em agir de determinada maneira, colher o que plantaram e, então, tirar as próprias conclusões – não só precipitadas, mas falsas. Foi assim que nasceu boa parte dos muitos preconceitos e estereótipos que há décadas rotulam os homens. Por pura falta de análise e interpretação.

Eu poderia escrever páginas e páginas sobre como os homens são e tenho certeza de que todas as mulheres as leriam avidamente; no entanto, pouquíssimas, senão nenhuma delas, assimilariam realmente essas informações. E o motivo é o mesmo que tem levado gerações de mães e avós a repetir as mesmas frases feitas sobre os homens: as mulheres não conseguem entender como eles são. Porque não querem entendê-los! Elas querem mudá-los! Atire a primeira pedra quem nunca pensou em ter um controle remoto capaz de teleguiar um homem. O problema é que a máquina não funciona quando se aperta o botão errado.

Não tenho a intenção de analisar as atitudes femininas neste livro, mas vou usá-las neste capítulo para mostrar como os homens são. Em vez de páginas e páginas de descrição, vou elencar algumas das atitudes femininas mais comuns. A partir delas, vamos entender como os homens são e, de quebra, por que não adianta tentar mudá-los. (Em tempo: o mesmo vale para as mulheres. Elas são o que são e não vão mudar a própria essência. Essa é a beleza de ser de cada gênero.)

1. Todo homem é um devedor crônico

O homem é um ser "autocobrante", ou seja, ele se cobra o tempo todo e por tudo. É preciso pagar as contas, manter a casa, sustentar mulher e filhos, dar-se bem no trabalho, ser bem-visto pelo chefe e admirado pelos colegas, praticar esportes, estar sempre apto ao sexo... Mesmo que a mulher trabalhe fora e seja independente e os filhos já estejam crescidos, esse tipo de cobrança permanece. Mesmo que esse homem seja solteiro, a cobrança vai estar lá. Mesmo que estejamos falando de alguém bem tranquilo, completamente zen e desencanado, a cobrança vai estar lá, capaz de paralisá-lo só de fazê-lo pensar em tudo o que precisaria fazer e ainda não fez. É inerente ao homem, uma espécie de herança do tempo das cavernas, quando a sua sobrevivência e a de sua família dependia única e exclusivamente do que ele trouxesse para casa no fim do dia, às vezes da semana.

Portanto, não adianta...

Preparar uma lista diária de cobranças. A planilha de Excel dele já está cheia, e ninguém quer um cobrador na porta o tempo todo. Você pode até fazer um lembrete, mas não disparar várias promissórias de uma vez. Lembre-se: a cobrança acusa; o lembrete organiza. Quando cobramos alguém, de certa forma estamos cerceando seu poder de escolha. Isso não quer dizer que o homem, ou a mulher, não tenha um papel a desempenhar no relacionamento, inclusive com determinadas responsabilidades. Muito menos que as mulheres devam ficar caladas e não fazer nenhum tipo de solicitação, deixando de lado porque eles são assim e pronto.

O que não adianta é, como dizia a vovó, dar murro em ponta de faca. O primeiro passo é entender como as coisas funcionam para aceitá-las; em seguida, agir com inteligência e maturidade.

A mulher-lista e o homem invisível

Algumas mulheres têm tanta mania de lista que chegam a se parecer com uma: ir à academia, pegar o filho na escola, fazer a unha, passar na depilação, ligar para aquela amiga que acabou de se divorciar, ligar para aquela outra amiga que começou em um novo emprego, apanhar a filha no balé, falar com o chefe sobre aquela promoção, comprar aquele livro que todo mundo está lendo, ler aquele livro que comprou no mês passado e ainda não abriu, passar no supermercado, pensar no cardápio do jantar e por aí vai. A lista é quilométrica e, como toda lista desse tipo, difícil de ser cumprida. Nada contra a organização e o hábito – sadio – de anotar o que se tem para fazer. O problema, como sempre, é o exagero. Se você quiser afastar um homem, ou melhor, torná-lo invisível, dê-lhe uma lista desse tipo. Você até pode ter a sua, mas fica aqui a dica: um checklist imenso faz a gente se preocupar o tempo todo com o que ainda não está feito, organizado, seguro, bonito, perfeito, e isso encobre a beleza e o sentido mais profundo da vida.

Os homens são seres objetivos e gostam de fazer uma coisa de cada vez. Se eles pudessem entrar na cabeça de uma mulher e vissem a quantidade de coisas nas quais elas pensam ao mesmo tempo, certamente entrariam em colapso. Isso não faz parte da natureza masculina.

E não se engane: mesmo que ele diga que está sempre pronto para atendê-la, que você é a coisa mais importante da vida dele (não, não é; é uma das, mas não a única), que nunca mais vai esquecer a data do aniversário (ou do primeiro beijo), se ele não tiver uma boa secretária, que marque tudo na agenda e até bisbilhote a vida dos dois, se necessário, ele não cumprirá o que prometeu. Não adianta reclamar para o Procon. Aliás, acho que adianta mais do que para ele.

2. Todo homem tem memória telegráfica

Já imaginou se a gente não se esquecesse de nada? A vida seria um caos. O cérebro humano está preparado para esquecer. Quando uma memória é criada, o cérebro a armazena, mas não de qualquer jeito. Num primeiro momento, a informação vai para uma espécie de gaveta, chamada "curto prazo", e ali fica até segunda ordem. Se for algo muito importante, automaticamente segue para a gaveta do "longo prazo". O sistema é complexo, e são muitos os critérios que organizam a faxina. Na prática, o cérebro "joga fora" aquilo que não vai usar, a fim de liberar espaço para novas informações. Aí entram em funcionamento o tronco cerebral e outras estruturas profundas, as mesmas que o EMDR (Eye Movement Desensitization and Reprocessing) e o Brainspotting – duas formas de terapia que buscam resolver conflitos e traumas ao acessar esses recônditos cerebrais.

Com os homens, esse sistema ganha dois aliados: o cérebro feminino e a organização sociocultural. Vários estudos já comprovaram que o cérebro feminino é mais bem organizado que o masculino para perceber emoções e se recordar delas. Não é à toa que as mulheres têm mais facilidade para se lembrar daquela discussão que já fez aniversário de dois anos, ou guardar todo tipo de data comemorativa – das mais comuns às mais esdrúxulas para eles. Por outro lado, a sociedade está acostumada a "delegar" à mulher a lembrança de datas relevantes, por exemplo. É quase uma tradição. Se as bodas de prata estão chegando, ou faltam três meses para o aniversário de um ano do primeiro filho, certamente é a mulher e não o homem que começa a se manifestar sobre os festejos. Resultado: consciente ou inconscientemente, os homens sabem que se esquecerem de algo, *alguém* se lembrará disso por eles, e não vão se preocupar em recordar aquilo, por mais *importante que seja*. Nesse cenário, entra em ação a memória telegráfica, ou seja, "vamos guardar apenas o necessário do necessário e partir logo para a próxima informação". Nada melhor para quem naturalmente se volta mais para a razão do que para a emoção.

De modo geral, os homens olham para o dia a dia, para suas conquistas e obrigações. Não estão preocupados com a evolução do relacionamento, ou com a forma como a mulher "sente" a relação. Enquanto ela passa boa parte do seu tempo cuidando do mundo interno do relacionamento – por exemplo, preparando momentos a dois –, o homem vai ao encontro dos dois de maneira bem mais objetiva e direta.

Portanto, não adianta...

Chorar um rio de lágrimas só porque ele esqueceu o aniversário do primeiro encontro. Para o homem, não importa muito se faz uma semana, um mês ou um ano que o namoro começou, recomeçou, ficou pelo caminho, nem qual restaurante teve a honra de presenciar a última comemoração. Se você quer comemorar, brindar porque curte os marcos, nada melhor que *convidá-lo* a participar. Isso vai mostrar o valor que você dá a esse tipo de comemoração, sem querer que ele dê a mesma importância. Cobrá-lo só vai sobrecarregar a relação, e os dois têm a perder: na hora do brinde, o sujeito não vai estar bem-humorado, curtindo a baladinha a dois, mas sim louco para que termine logo a encenação da qual foi obrigado a participar.

3. Todo homem é meio desligado

Sabe quando o suco está bem debaixo do nariz deles e eles perguntam: "Cadê o suco?". Ou se propõem a fazer o almoço e começam a gritar da cozinha: "Onde está o óleo?", "Não tem molho de tomate?". De cada dez homens, pelo menos nove agem assim, e nem a Ciência sabe explicar por que isso acontece. Alguns se arriscam a dizer que isso teria a ver com a criação dos meninos, desde pequenos acostumados a ter a mãe ou alguém do sexo feminino prontas para cuidar de tudo. Funciona mais ou menos assim: se eu tenho alguém que sabe onde encontrar tudo, por que vou me esforçar para procurar algo?

Portanto, não adianta...

Ficar irritada e jogar o suco e o molho de tomate na cara do sujeito. Se a situação for muito crítica, experimente propor a ele que ele mesmo guarde tudo o que gosta de ter sempre à mão.

4. Homem é homem – não é nem padre, nem melhor amiga

Achar que o "rolo", o namorado ou o marido é o seu melhor amigo é o primeiro passo para jogá-lo no colo de outra. Homem é homem. Não está preparado para ouvir confissões, nem quer saber o dia em que você ficou menstruada. Isso não quer dizer que ele não possa ser um companheiro. Companheiro é uma coisa, padre é outra bem diferente.

Dependendo da fase em que o relacionamento está, fazer um relatório todos os dias sobre os percalços da sua vida diária – incluindo os ataques de fúria no trabalho, as desavenças com a sua mãe, os problemas com seus filhos (aqueles que não são dele), os dissabores com aquela amiga que não para de fazer fofoca – certamente vai acender o amarelo piscante na cabeça dele.

Se a coisa ainda estiver no namoro, ele analisará o tamanho do pacote que está prestes a levar para casa. Se o seu relatório tem mais de três páginas/dia, prepare-se para enfrentar a fuga do sujeito.

Mesmo que estejam num relacionamento estável e a lista de problemas também pertença a ele, vale a pena ficar atenta. Se você tem um rosário a desfiar, ele também tem o dele. O mínimo que um homem espera de uma companheira é que ela tenha certa autonomia, ou seja, que não precise de um ombro para chorar o tempo todo.

Portanto, não adianta...

Esperar que ele queira passar horas ao telefone ouvindo a sua ladainha. Se você realmente precisa desabafar de forma constante, pegue a agenda e ligue para a sua melhor amiga, ou para a sua mãe – tomando cuidado para que as insinuações dela não se transformem em mais lenha na fogueira. Se você tem dificuldade para discernir entre que pode resolver sozinha e o que cabe aos dois decidirem juntos, converse com ele.

5. Homem não é caso policial

Todo homem é um cidadão com certidão negativa de antecedentes. Para que uma relação se desenvolva de maneira saudável, é preciso exercer a confiança. Se vocês estão juntos, provavelmente fizeram essa escolha, e você não tem como função investigá-lo, criando uma espécie de Big Brother. Ninguém gosta de ser monitorado 24 horas por dia.

Portanto, não adianta...

Dar uma de espiã, nem ligar ensandecida se ele não retorna imediatamente a sua ligação. Muito menos exigir que ele bloqueie a "ex-" nas redes sociais. Quando as pessoas não retornam uma ligação, podem muito bem estar ocupadas. Exigir que ele apague lembranças afetivas também não é o melhor caminho para viver uma relação saudável. Todo mundo tem uma história, inclusive você.

As mulheres, aliás, não carecem muito de registros escritos ou visuais para manterem a memória afetiva. Ao contrário dos homens, que precisam desses registros para conservar a própria história. Pense nisto: uma lembrança é fruto de algo que já aconteceu, ficou no passado e não tem relação com o presente. Nenhum homem que esteja traindo sua mulher quer ser apanhado em flagrante. Se ele der esse tipo de bandeira, deixando conversas expostas e ligações suspeitas registradas, está inconscientemente dizendo que a relação se tornou insustentável, e tudo o que ele quer é que alguém descubra mesmo.

6. Homem não é GPS, mas pensa que é

Os homens adoram o lema "Sempre avante!". Podem até errar o trajeto, mas jamais perguntam o caminho. Para as mulheres, esse comportamento é quase irracional, mas o fato é que os homens foram treinados para estar no comando.

Muita gente acredita que os homens têm funções cerebrais mais desenvolvidas no que diz respeito à localização espacial, mas não é bem isso que acontece. Na verdade, o que ocorre é que cada um usa, digamos, um sistema de navegação espacial diferente. Os homens se apegam a coordenadas mais absolutas e matemáticas, como distâncias e direções. Já as mulheres usam marcos geográficos visuais, como a casa azul, a loja de bijuterias. É por isso que, quando se pergunta a um homem como se faz para chegar a determinado lugar, ele dispara: "Vire à esquerda, ande dois quilômetros"; uma mulher certamente explicará o caminho inserindo dados geográficos como: "Siga na rua da farmácia; quando vir a loja de sapatos, pegue a calçada da praça e vire na esquina do posto de gasolina".

Portanto, não adianta...

Ficar possessa ao perceber que ele errou o caminho de novo ou insiste em fazer um caminho alternativo que só ele conhece.... mas acaba dando errado. Se isso a irrita muito, dê a ele um GPS. Eles adoram esse tipo de tecnologia, ainda que se julguem bem melhores do que esses aparelhinhos...

7. Homem não é bebê (mesmo quando parece ser um)

É verdade que eles adoram um mimo. A mãe, no caso a sua sogra, não o deixará mentir sobre isso. Mas tome cuidado. Homem não é bebê. Dar uma de governanta, babá e doméstica, preparando absolutamente tudo, de modo que ele só precise encontrar o endereço de casa (no GPS!), é dar um tiro no pé da relação. Quando o homem não faz ideia de como se guardam as cuecas ou é incapaz de desamassar uma camisa na pressa, a mulher logo se tornará sua segunda mãe, perdendo o status de esposa, de mulher de um homem.

Tive uma paciente que ilustra bem essa situação. Casada há vários anos, vivia muito bem materialmente, mas era sempre achincalhada pelo marido autoritário. Embora dinheiro não fosse problema, todo gasto estava sujeito ao aceite dele, ainda que ela tivesse um emprego num banco. Não se sentia, porém, contribuindo para o alto padrão que tinha, desconhecia o que era ter voz ativa e apenas obedecia, contentando-se em servi-lo, cuidar da casa e da família. Com o tempo, no entanto, ela conseguiu deslanchar no banco e até ser bem-sucedida economicamente, mas a regra no casamento ainda era "se ele deixar, a gente faz". Aos poucos, essa paciente percebeu, na terapia, que a posição subserviente que mantinha não condizia em nada com sua posição profissional, onde já assumira a vice-presidência. Medo, frustração e fases depressivas não faltaram. Chegamos até a compará-la a uma funcionária doméstica dele. Demorou, mas ela conseguiu mudar as regras do jogo, realizando, então, outro sonho: ter um escritório em casa.

Voltando ao tema deste tópico, tratar um homem como bebê só vai fazê-la perder a própria autoestima. Para aquelas que acreditam que, mimando o marido, como se ele fosse um bebezinho, vai trazê-lo para mais perto, atenção! Todo homem já tem a sua mãe.

Portanto, não adianta...

Tentar substituir a sogra com a intenção de que ele fique mais do seu lado do que do dela, por exemplo. Cada um tem seu papel, e cada coisa, o seu lugar. Os homens esperam uma mãe da mãe, e uma mulher da esposa.

8. Homem também não é carrinho de bebê

Sabe aquela cena? Você vai ao shopping com a sua melhor amiga e as duas passam horas visitando lojas e vasculhando vitrines. Primeiro, são as roupas, depois os sapatos e, em seguida, os acessórios. Batem perna de um lado para o outro, enchem as sacolas, vão aos provadores, discutem as inúmeras possibilidades de combinação e ajudam uma a outra a decidir o que usarão naquela festa e o que é bom ou não para ir ao trabalho. Se o preço de uma loja era muito melhor ou se lá tinha aquela cor de blusa que você queria, nenhuma das duas hesita em dar meia-volta.... Nenhum homem tem paciência para uma saga desse tipo. Alguns até tentam, fingem bem na primeira meia hora, mas logo depois encontram qualquer desculpa para cair fora. Benditos os celulares com seus inúmeros aplicativos que os tiram completamente de sintonia terrestre e daquele momento incalculavelmente desperdiçado, aterrissando-os num mundo virtual muito mais interessante.

Portanto, não adianta...

Achar que pode levá-lo ao shopping como se fosse um carrinho de bebê, que vai acompanhá-la de loja em loja, haja o que houver. Para esse tipo de empreitada, conte com as amigas, a mãe, a tia, qualquer *outra mulher.*

9. Todo homem é meio hipermetrope

Eles podem nem notar que você acabou de pintar as unhas, mas não deixarão passar batido um traseiro curvilíneo. E não adianta ficar revoltada. Tem explicação científica. De acordo com as pesquisas, os homens se ligam mais no todo e na disposição desse todo no espaço do que nos detalhes. No caso de um corpo feminino, o cérebro do homem avalia a relação entre peso e altura, a proporção entre cintura e quadris e outros atributos gerais, como tônus muscular e viço da pele. São esses fatores que indicam para ele, evolutivamente falando, saúde e capacidade reprodutiva. Resumindo: os homens veem mais o jeitão da coisa do que seus detalhes. É por esse motivo que um traseiro pode ser magnífico, mesmo com alguns furinhos de celulite.

Portanto, não adianta...

Entrar numa paranoia delirante se ele não perceber de cara que você cortou o cabelo (aqueles dois dedos), mudou a cor do esmalte ou está de salto alto. É só uma questão de ponto de vista. Aliás, os homens usam esse mecanismo do todo quando se metem a implicar, por exemplo, com a roupa que a companheira veste. Curta, decotada ou inadequada – na opinião dele – é uma classificação que ele faz de acordo com essa avaliação geral. No fundo ele não está preocupado só com aquele decote, ou só com o comprimento da saia. É algo no todo que o incomoda. Mas, como muitas vezes ele não tem coragem de dizer o que é, começa a implicar.

Uma coisa dá para comemorar: ele não é nem louco de dizer o quanto ela está gorda, muito menos que a outra, aquela em quem ele deu uma boa olhada, está bem melhor que você...

10. Homem não é cobaia científica

A cena é típica: os dois estão jantando e, de repente, vem o silêncio. Um minuto e meio depois, lá vem ela: "No que você está pensando?". As mulheres têm uma necessidade incrível de saber o que está se passando na cabeça deles em cada segundo de sua existência, como se estivessem envolvidas num grande estudo científico, medindo a ação cerebral de ratinhos em laboratório.

E aqui vai a resposta: ele está pensando no jogo de amanhã, na gostosona que começou no escritório hoje, no amigo que o convidou para um churrasco no fim de semana, na farra que fazia com a turma lá atrás, quando era jovem, no macarrão salgado que você preparou, mas que é melhor ele ficar quieto a respeito.... enfim, em mil coisas, ou em coisa alguma.

Portanto, não adianta...

Ficar achando que, se ele está mudo, é porque está pensando numa amante, por exemplo. Todo mundo merece um pouco de silêncio, e nem sempre as palavras são necessárias. Procure curtir esses momentos também. Isso tornará a relação mais leve, menos hipocondríaca.

11. Homem tem vida própria

Ele está com você, *não é você*. Algumas mulheres confundem amar o outro com se tornar o outro, ou viver a vida do outro. Os homens têm vida própria, e isso inclui o seu círculo de amizade. Não existe, como se prega por aí, a ideia de que os homens preferem sair com os amigos... Os homens preferem muitas coisas, e tudo tem sua hora, como para qualquer pessoa.

Portanto, não adianta....

Odiar os amigos dele ou, pior, cercear sua liberdade em relação a isso. Quando a mulher impede o companheiro de sair com os amigos, instala-se na relação um sentimento de prisão e controle altamente prejudicial, que leva a uma grande perda afetiva e um prognóstico para o relacionamento.

Quando o homem se mantém vinculado aos amigos, tem mais clara a noção de identidade que o diferencia da mulher. Ele é *ele* e não *nós*.

12. Homem não é quadrado

Muita gente me pergunta se o homem tem um lado feminino. Eu costumo brincar dizendo que homem não é um quadrado para ter lado! E não é mesmo. Que coisa mais esquisita falar em lado feminino! Para que um homem teria um lado feminino?

Se a mulher não precisa imitá-lo para ganhar dinheiro ou trabalhar pesado, por que ele precisa ter esse dito lado mulherzinha? Para saber amar? Para se emocionar? Para cuidar de filho? Para ser artista?

Eu poderia listar aqui inúmeras perguntas, infinitas... e dizer com certeza que essa figura conceitual de que lado feminino é a "pura emoção", é a sensibilidade, é a doação, é entender de estética, de beleza, de ser humano... Tudo balela! Se ele usa dessa forma é porque ainda não encontrou uma maneira de usá-la como homem. Por isso insisto tanto nos modelos que os outros homens podem ensinar trocando suas experiências abertamente, liberando-se das amarras de padrões que os catalogam de homossexuais, se forem mais amistosos ou emotivos.

Quando o homem pode escolher se quer ou não mostrar o que sente, sem ser taxado de machista ou feminino, ele está pronto para se posicionar de acordo com o que acontece dentro de si.

Uma vez, no final de uma palestra minha, um homem chamado Bóris se aproximou de mim e me perguntou se podia ser meu amigo. Fiquei um pouco chocado, não minto que hesitei. O que era aquilo? Nunca o tinha visto e ele veio desse jeito, não entendi nada. Aproximamo-nos gradativamente e ficamos muito amigos, a ponto de vivermos todas as histórias de amigos inseparáveis que somos até hoje. Sempre brinco que ele é o meu melhor amigo, entre outras tantas brincadeiras irônicas típicas entre homens. Agradeço muito por ter tido a chance de iniciar uma amizade desse tipo, por esse desprendimento dele dos preconceitos de não poder ser direto no que quer ou sente.

Portanto, não adianta...

Achar que você precisa despertar o lado feminino do seu companheiro para fazê-lo entender o que se passa com você. Frases do tipo "Você não é mulher, por isso não entende" subestimam a capacidade humana e natural do homem de ser o que ele é. É claro que ele não é mulher, mas não é preciso um "gene feminino" para chorar, abraçar, compreender e amar o outro.

Nas conceituações contemporâneas sobre gêneros, o masculino não se relaciona mais ao trabalho, ao vestuário ou ao esporte que se pratica. A identificação se dá com as emoções e os sentimentos ligados ao "sentir-se homem".

Capítulo 3
COMO OS HOMENS FUNCIONAM?

Os homens não têm nada de complicado. Se fossem um eletrodoméstico, certamente se comportariam como algum dos mais práticos: liga, desliga, duas ou três velocidades, uma ou duas funções diferentes. A má notícia: sem investimentos em modernização e novos modelos, a fábrica foi à falência, e não há previsão de que isso mude, minha cara.

Ao contrário das mulheres, que há pouco mais de quatro décadas começaram a vencer alguns preconceitos, a se questionar e a funcionar com mais duas ou três novas funções (mãe e chefe de família, executiva independente e divorciada, solteira e liberal... etc.), os homens ficaram estagnados nesse sentido, incapazes de admitir a existência de dúvidas ou de discutir qualquer assunto que fosse capaz de ameaçar a masculinidade. Esse talvez seja o maior questionamento deles: a pergunta não é se o homem é homem, mas como se é homem. As mulheres já passaram dessa fase.

Reflexões masculinas à parte, a boa notícia é que isso torna ainda mais fácil entender como funciona um homem. Eles mudaram muito pouco nos últimos tempos; no máximo, adaptaram-se a alguma situações novas. Vamos usar uma metáfora mais ou menos atual: imagine que o homem é um computador, cheio de pastas, arquivos, lixeira própria, fotos e filmes, caixa de mensagens, programas executáveis e, por que não?, um amontoado de bobagens guardadas sem muito critério. Como todo computador, ele tem o *hardware*, ou seja, o cérebro da máquina, onde circuitos, chips e dispositivos fazem o equipamento funcionar, e o *software* – o sistema operacional que organiza e executa todas as ações do computador, lógicas ou ilógicas. Protegido por senhas, de preferência criptografadas, o *hardware* é a máquina em si, o conjunto de tudo o que a forma. Qualquer invasão aqui pode varrê-la da Terra. Existem vários tipos de *hardware*, ou melhor, de homens, e esse será o assunto do Capítulo 5.

Neste capítulo, vamos nos concentrar no *software*, para entender como funcionam os homens, de forma bem didática, dividida em grandes temas, ou melhor, em grandes pastas.

Pasta: Sentimentos

Desde pequenos, a maior parte dos homens foi obrigada a deixar de lado os sentimentos. Não lhes era perguntado, estimulado, muito menos permitido. Não fazia diferença se sentiam alguma coisa, o importante era vencer as barreiras e conquistar seu lugar no mundo.

Até hoje, por mais que a sociedade tenha mudado e colocado as cartas na mesa no que diz respeito à diversidade sexual, o que se percebe é que muitos pais ainda têm dificuldade de lidar com garotos que se mostrem sensíveis. Qualquer comportamento que inspire certa queda ou exagero pela emoção já lhes mete medo, como se isso estivesse diretamente ligado à homossexualidade. Mesmo casais homossexuais tendem a escolher caminhos mais tradicionais e encaixados nos moldes da relação homem-mulher. Mas isso é só pano de fundo.

No dia a dia, os meninos são educados e orientados para um mundo competitivo e exigente. O negócio é crescer consumindo vitórias; para isso, é preciso treinar pesado, sem direito a chiliques de sensibilidade. Não há tempo nem espaço para construírem um arsenal de percepções e conceitos onde colecionarão o seu contato com o mundo do sentir. Não conhecendo bem isso, não adquirem palavras e frases que correspondam ao que sentem, lidando muito mal com os sentimentos, porque simplesmente os desconhecem. Eles não se entendem e não se sentem entendidos. Portanto, não se protegem das próprias emoções. E, como não se protegem, não sabem como proteger o outro da frustração, no caso, a sua companheira. Soma-se a esse cenário a comparação com os outros. Meninos e homens estão se comparando o tempo todo, principalmente os maiores. A insegurança, os fracassos passados e os assuntos vetados – também chamados de tabus – promovem uma coleção de disfarces. Com tanta bagagem armazenada, não dá outra: fica tudo reprimido, compactado.

O homem-contêiner

Reprimir é uma coisa; estar imune é outra. Quem nunca viu um pai dizer ao filho que "menino não chora"? Ou, na outra ponta, simplesmente não dizer: "Filho, chora que faz bem". Os homens foram treinados para demonstrar força, não importa a situação ou a circunstância. No entanto, eles não estão imunes às crises emocionais. A maior queixa daqueles que já se arriscaram a fazer um autoquestionamento é que o pai só lhes ensinou a trabalhar com assuntos concretos: sexo, esporte, profissão, política. Conversar sobre emoções, ou mesmo demonstrá-las, sempre foi considerado um sinal de fraqueza – feminina, é claro. Acontece que ninguém deixa de sofrer por decreto. O sujeito finge que está inteiro, mas por dentro não passa de um punhado de cacos. Para piorar a situação, ele aprendeu que deve fingir não só perante as mulheres, mas diante de outros homens também. Reconhecer o sentimento de dor é o primeiro passo para a libertação desse colete de força ideológica.

Dizer que "homem não chora" é apenas uma bandeira que esconde outros deslizes sociais. Os homens também não podem rir nem se divertir livremente. A educação masculina define o perfil do "aguente, não se mostre". Comemorar algo externo a ele, como jogos de futebol, permite-se. Mas, se a comemoração for pessoal, como a promoção no trabalho ou uma conquista acadêmica, é preciso respeitar certos limites. Quando adolescentes, a maioria dos meninos ainda se libera, com apoio da turma, mas vai se fechando à medida que entra na fase adulta. A melhor palavra que encontrei para definir o endurecimento do homem nessa fase da vida foi "contêiner". Resumindo: o lado masculino sensível existe, mas não aparece, pois está encoberto pelo próprio homem, que não consegue vivenciá-lo.

Felizmente, o homem-contêiner, enrijecido e fechado a pregos, não é blindado. Tem sempre uma fenda nessa composição maciça, por meio da qual se pode chegar à essência dele, onde ainda resistem as fagulhas da juventude. Quando isso acontece, recompõem-se a espontaneidade e a alegria de viver.

Décadas atrás, delineei a importância de o homem manter a sua adolescência viva. Hoje comprovo a todo momento que um homem que se conecta com a sua energia da juventude também o faz com seus sonhos, confusões, coloridos e conexões criativas que propiciam as buscas e estimulam a inteligência emocional. Quando a reprimem, ou são reprimidos, entristecem e desanimam para novas conquistas. Mais cedo ou mais tarde a mulher "sobra" com um companheiro envelhecido em todos os sentidos. A vibração adolescente apagou-se. Ele já não se importa com mais nada, seja na relação com ela, seja no aspecto profissional, ou mesmo no que diz respeito a questões físicas e sociais. Aí, um belo dia a mulher acorda e descobre que tem ao lado um homem sem ânimo, sem amigos, sem vontade... um verdadeiro chato rabugento. Voltando à metáfora do computador, é como se um vírus o tivesse invadido e bagunçado os programas. A máquina já não sabe mais como agir: esqueceu como se faz para curtir a vida, não se lembra dos bons momentos com os amigos, perdeu a capacidade de se renovar, dia a dia. E isso não tem a ver apenas com homens de meia-idade ou mais velhos. Muitos jovens, reprimidos ou oprimidos, também se veem imersos num enorme lago gelado de emoções represadas. Quando acompanhados, são praticamente teleguiados pelas mulheres e queixam-se da falta de afinidade com os programas escolhidos por elas: um jantar entre amigos, uma viagem diferente, um almoço romântico e inesperado etc. As mulheres costumam manter acesa a chama da juventude, até porque são extremamente estimuladas pelas outras. Estão sempre atentas ao corpo e às novidades e desconhecem a "síndrome do contêiner", porque, desde pequenas, têm permissão para chorar e demonstrar fragilidade. Com os homens, o buraco é mais embaixo: o lago gelado de emoções precisa ser rompido, e isso só se faz cultivando a chama da juventude – a única capaz de nos manter *realmente* vitalizados.

Pasta: Relacionamentos

Algumas vezes, os homens tratam os relacionamentos afetivos da mesma forma que lidam com questões profissionais ou comerciais, ou seja, agem na base da "busca e aceitação", seja para ganhar tempo, seja para atingir determinada meta, ou mesmo para preencher a agenda. Falando assim até parece que eles não dão a mínima para os sentimentos ou as paixões. Às vezes, não – tal como as mulheres. Afinal, todo mundo tem sua fase mais ou menos disponível para um relacionamento, seja sério, seja um flerte. Mas isso não é, obviamente, a regra.

De modo geral, os homens dão, sim, importância à pasta "Relacionamentos". Mas do jeito deles.

A paixão e os arquivos masculinos

Muita gente acha que os homens têm medo de se apaixonar porque não querem um relacionamento estável. Puro mito. Apaixonar-se e estabelecer uma relação estável são coisas bem diferentes, não necessariamente interligadas. A primeira não está sob controle. Você pode até ter medo de se apaixonar, mas isso não quer dizer que isso não vá acontecer. É como ter medo do escuro; nem sempre dá para evitar. A segunda tem muito mais a ver com responsabilidade e limitação da liberdade. Quando se tem ojeriza de um relacionamento estável, geralmente o que mais preocupa é o quanto isso vai cercear o dia a dia, a relação com os amigos, a rotina da solteirice. Se a paixão acontece, essa preocupação automaticamente vai para o espaço, não importa se a relação vai se desenrolar de forma estável ou caótica.

A paixão é inerente ao ser humano, não está ligada ao gênero. Quando um homem se apaixona, tende a se atirar nesse relacionamento – tal como as mulheres –, e muitas vezes assume compromissos que depois se revelam inviáveis. Cada vez mais, tenho visto homens que fogem da paixão porque não querem se decepcionar ou se frustrar em relacionamentos que não vingam – ou seja, não é por medo de a relação se tornar estável, mas sim justamente pelo contrário!

A paixão funciona mais ou menos igual para todo mundo. Com os homens não seria diferente: um homem apaixonado se mostra animado, alegre e, ao mesmo tempo, um pouco ansioso, com tendência à dispersão de pensamentos. É claro que existe um fator chamado individualidade: uns ficam mais insistentes, outros menos; alguns podem se mostrar levemente inadequados; outros vão às vias de fato e falam mais do que deveriam, apenas para impressionar. Mas há também aqueles que preferem viver o sentimento de maneira isolada, pisando em ovos, prometendo revelá-lo só diante da certeza de que serão correspondidos.

Ao observar os homens que já tiveram relacionamentos longos, percebo claramente que eles usam o que deu certo e o que deu errado para pautar os prós e contras das novas escolhas. Relações anteriores servem como um checklist dos sonhos e da realidade. Quando têm uma história pregressa, fica difícil repetir a dose sem levar em conta essa história; afinal, se o novo relacionamento vai exigir algum tipo de entrega, nada mais natural que se queira barganhar: se na história anterior, o doado foi maior que o recebido, desta vez é provável que se queira obter mais do que doar.

É comum os homens fazerem negócios invisíveis nesse campo: medem, pesam, avaliam, computam, fotografam, filmam e, principalmente, acessam os seus arquivos de memória com frequência. Esses documentos são tão eficientes que influenciam a situação de forma positiva ou negativa, sem que se perceba. Imagine um daqueles arquivos mortos. A cabeça masculina tem um departamento desse tipo, com gavetinhas que classificam tipos e situações: "Mulher tipo X: faça isso"; "Mulher tipo Y: faça aquilo"; "Mulher tipo H: minha mãe me falou a respeito desse tipo, hora de seguir a recomendação"; "Minha ex-namorada fez algo semelhante"; "Meu pai me mostrou que não dá pra confiar..."; "Uma hora vou me ferrar, portanto, fuga em bando!"

Esse tipo de estratégia não significa necessariamente um medo de se apaixonar ou se envolver. Um namorico pode ser visto apenas como um namorico, e nada mais. Mas também pode ser, digamos assim, um objeto de estudo. Os homens são muito mais observadores do que se imagina. Munidos de um arsenal de sensores, são capazes de fazer um autoteste, ou seja, avaliar até que ponto ele conhece aquela situação ou testar o alvo – no caso, você –, avaliando aspectos que possam interessar naquele momento, como uma noite de sexo ou alguém potencialmente candidata a mãe de seus filhos.

No entanto, não pense que o exemplar masculino da espécie comporta-se o tempo todo como se fosse um grande especialista em paixão e relacionamentos. Os homens também se atrapalham com os próprios arquivos e são capazes de cometer loucuras por não saberem lidar com os sentimentos. Se não sabem identificar determinado sentimento ou intenção, fica difícil acessar o arquivo certo sobre aquele assunto. Nessa confusão, muitos acabam apaixonados pelo amor que estão sentindo, misturando isso àquilo que de fato sentem em relação a determinada mulher. Essa mistura é intensa e explosiva. Por isso, quando o homem se apaixona mesmo, tende a sair do prumo e a agir movido pela adrenalina.

O sistema de recompensa

As mulheres costumam ser exigentes quando o assunto é retribuir um sentimento, ou mostrar com palavras – efusivas, de preferência – que a paixão se instalou. É dessa necessidade que provém uma das maiores reclamações femininas: por que os homens não dizem "eu te amo"?

Para os homens, o sistema de recompensa (eu dou isso, você me dá aquilo) funciona de um jeito um pouco diferente, nada cinematográfico, por sinal. Quando se apaixonam, pensam na amada muito mais do que ela possa imaginar, mas não apostam em chavões para se sentirem realizados. Resumindo: eles até podem dizer "eu te amo" ou presenteá-la com uma linda joia, num jantar romântico, mas não é só esse tipo de encenação que os faz se sentir mais fortalecidos como homem, nem entregue a ela. Ao contrário, apostam todas as fichas nas "pequenas grandes coisas". Sabe aquele programa que você insiste em fazer e ele sempre torce o nariz, mas acaba participando? Aquela sua amiga que fala alto, sem parar, costuma aparecer nas horas menos indicadas, mas é sempre bem-recebida por ele? Ou aquela visitinha à casa de seus pais, que não dão a mínima para ele? São o tipo de sapo que um homem apaixonado aceita engolir para vê-la feliz. E não pense que tudo isso vai virar roupa suja para lavar mais tarde. Os homens não gostam de marketing pessoal, nesse caso; portanto, não vão brincar de jogar na cara, nem tentar convencê-la de que podem substituir assim o impagável "eu te amo". Os homens adoram e querem ser reconhecidos por essas "pequenas grandes coisas"; são elas que os masculinizam, estimulam e fortalecem, tornando-os melhores quando se entregam.

Por que os homens não dizem "Eu te amo"?

Não há como negar: os homens tendem a evitar essa frase. Mas isso não quer dizer que não amem. De modo geral, significa apenas uma barreira que separa a intensidade do que sentem e a expressão verbal disso. Para os homens, a famosa frase está muito ligada ao amor incondicional, ou seja, algo idealizado, que não tem relação com a realidade. Por isso, pronunciá-la a torto e a direito seria, na opinião deles, desnecessário, muito perigoso, quase inconsequente. Preferem, assim, a discrição, e são adeptos de uma comunicação menos avassaladora, mais cuidadosa. Afinal de contas, para eles, tudo o que se pode dizer também se pode demonstrar.

Para pegar ou para casar?

Essa é uma pergunta que sempre me fazem. O jargão parece antiquado e quase cafona, mas, de certa forma, os homens ainda pensam assim e conduzem algumas de suas decisões pautados por esse comando.

Mas, ao contrário dos que as mulheres pensam, não é só coisa de cafajeste. Existe, por exemplo, a fase, o momento da vida, que acontece para todos nós, homens ou mulheres. "Ficar" é uma opção temporal, superválida tanto para os jovens, que não estão pensando em um relacionamento sério, quanto para os recém-separados de ligação amorosa de maior peso, que, naquele instante, só querem mesmo sair, algumas vezes ficar e, outras, só transar. É o famoso *one stand night*, igualmente positivo, afinal a noite pode ser maravilhosa, passada quase como uns minutos (que podem ser horas, a noite toda ou vários capítulos parecidos numa só noite)... Quem vê de fora até pode achar que ficarão juntos para sempre, foram feitos um para o outro ou que paixão como essa não existe...

Mas é só aquilo mesmo – tem começo, meio e fim, na maioria das vezes já programado. O tanque de combustível está programado para desligar ao raiar do dia.

Muitos guardam a referência e mantêm certo banco de dados. Têm sempre uma gavetinha para casos assim. As que entram no banco ativo podem ser "convocadas" para repetecos, só algumas vezes ou até muito tempo depois. Essa catalogação tem relação direta com a fase que ele está vivendo. Para uns, pode até ser reflexo de certa cafajestagem; para outros, pode significar respeito próprio e consciência de que, naquele momento, não se está apto para uma relação duradoura.

As mulheres, naturalmente, ficam possessas. Afinal, descobrem que o personagem do filme a que estão assistindo não é de carne e osso. Como acontece em *A rosa púrpura do Cairo*, do genial Woody Allen, o galã sai da tela para fazer a espectadora viver momentos cinematográficos, com mil declarações, olhares apaixonados, noites inesquecíveis. O personagem é maravilhoso. No entanto, depois que o ator de verdade dá as caras, o encanto é ameaçado. Não vale contar mais do filme. Mas, na vida real, chega uma hora em que o galã vai voltar para o mundo da ficção – e, à mocinha, só restará o choque de realidade.

Voltando às gavetinhas e ao sistema de catalogação, existem também homens que logo na primeira xavecada já sabem que vão classificar aquela mulher em "é só para ficar e bem rapidinho". A forma como isso é feito, com base em que critérios, só o terapeuta deles pode explicar. Em décadas de consultório, já ouvi de tudo, e posso dizer que, na maioria dos casos, é a libido que está em alta. Isso mesmo: em poucas palavras, ele está em busca de uma transa.

Na outra ponta, há ainda os preocupados em encontrar uma parceira. São eles que procuram as "para casar". Os critérios dessa busca são diversos e dependem do estilo de cada homem. Alguns são mais exigentes no que diz respeito à estética (peso, maquiagem, cabelo); outros visam a profissão ou classe social. Há aqueles preocupados com a estrutura familiar, o histórico amoroso e sexual, a religião e os hábitos familiares. Não são raros os que prezam o número de carimbos no passaporte ou o currículo acadêmico, mas, de modo geral, pensam muito em questões relativas à maternidade e à construção de uma família. Enfim, são tantos os critérios que eles podem inclusive se mesclar e qualquer mulher enlouqueceria se tentasse listá-los todos!

O príncipe-sapo

Ela espera, espera, e nada do príncipe que prometeu chegar com o sapatinho de cristal na mão, pronto para pedi-la em namoro, noivado ou casamento.

Essa é uma das maiores neuras femininas capazes de transformar qualquer príncipe em sapo. Pode-se afirmar que, depois de um tempo de relacionamento, praticamente todas as mulheres começam a fazer plantão, na expectativa de ouvir logo um "Quer namorar comigo?", "Quer casar comigo?".

Os homens não se preocupam com isso o tempo todo. Não é que eles não queiram nenhum compromisso; apenas postergam essa ideia o máximo que podem, simplesmente porque não se veem em condições de decidir o futuro e sabem que um pedido desse tipo acarretará uma espécie de mobilização emocional na mulher, com todo tipo de fantasia a que ela tem direito.

Isso não quer dizer que ele não faça projetos, só não quer a formalização do contrato. Para a mulher, esse pedido confirma a realização do projeto – principalmente se ele vem de véu e grinalda, como manda o figurino.

Para a mulher, o casamento na igreja está ancorado na sociedade, no relacionamento com os outros e na confirmação da sua capacidade relacional afetivo/amorosa. Faz parte de um imaginário que a estimulou ao longo do seu crescimento. O homem, ao contrário, vive a vida emocional/afetiva de maneira mais introvertida, mais intimista; por isso, esse cenário de cinderela é menos atraente.

O eterno fujão

Ao mesmo tempo, muitos vivem, sim, numa eterna entressafra amorosa e não se ligarão a ninguém, nunca, nem à melhor candidata ao Oscar.

São muitos os fatores que levam um homem a fugir constantemente de qualquer tipo de relacionamento. Ainda que isso varie de pessoa para pessoa, de histórico para histórico, há dois grandes fatores que explicam esse comportamento:

• Autoafirmação: muitos homens sentem necessidade de autoafirmar sua natureza agressiva e destrutiva. Precisam sentir-se fortes, como se vivessem ainda em cavernas, quase como feras, e isso não combina com "belas". Por isso, têm sempre uma rota de fuga pronta para ser seguida ao primeiro sinal de envolvimento afetivo.

• Autoflagelação: alguns viram irmãs ou mães passarem por rompimentos ou decepções amorosas que as levaram a tachar os homens de impiedosos, maldosos, destruidores etc. Diante do sofrimento de mulheres queridas, tomaram para si a culpa e a vergonha. Não querem correr o risco de fazer outras passarem pelas mesmas frustrações, tornando-se os vilões. Resultado: fuga em massa, de qualquer mulher que demonstre algum sentimento passível de decepção.

O HOMEM ASSUSTA-SE COM MULHERES QUE TOMAM A INICIATIVA?

Não dá para se dizer que ele se assuste, a não ser em ataques de conquista repentinos e agressivos, esses sim sumariamente rejeitados. Afinal, nem as mulheres gostam do tipo de homem que chega mais parecendo um polvo ou um carrapato de plantão, com mãos, braços e pernas balançando e abraçando desenfreadamente.

De modo geral, o homem espera uma atitude feminina de delicadeza e, se a iniciativa for despropositada, isso pode denegrir a imagem que ele terá dela. Agir com uma boa dose de discrição e respeito pelo momento do outro é sempre a melhor forma de abordagem, em qualquer situação. Os homens tendem a preferir mulheres que demonstram certa resistência a serem conquistadas. Por outro lado, há muitos que têm dificuldade de abordar uma mulher. Isso ocorre por vários motivos (timidez, incerteza de aceitação, medo de competir etc.) e, nesse momento, "a mulher facilitadora" pode ser de grande ajuda. Mas, sem exagero: a atirada dificilmente é bem-aceita.

A DR no lugar

Esta é cabeluda: as mulheres adoram uma boa discussão da relação, enquanto os homens parecem ter verdadeira ojeriza da dita-cuja. São dois estilos diferentes. As mulheres gostam de falar, elas analisam o outro e a si mesmas falando. Com os homens, o processo é outro: eles digerem melhor em silêncio. Resultado: uma DR quase sempre se assemelha a uma conversa de doido. O cérebro masculino hiberna durante uma discussão, ao passo que o feminino acelera, pega voo. Nada produtivo. Nem de longe ele fala tudo o que pensa, só se tiver traços homicidas ou suicidas. É por isso que a tal DR já virou piada.

Isso não significa que não se deva discutir os pontos fracos e fortes de um relacionamento; apenas que se deve saber fazê-lo. As mulheres tendem a falar desenfreadamente, como se estivessem ligadas em 220 V. São hábeis na articulação de ideias e exibem uma memória de elefante: resgatam tudo – tudo mesmo – sobre o assunto em questão, mesmo as mais antigas informações. Os homens, por sua vez, ligam o piloto automático, despertando a fúria feminina. Nove volts são mais do que suficientes para um aparelho portátil. As mulheres lavam a alma quando têm uma DR e se recuperam rapidamente da tormenta; os homens, ao contrário, não gostam de discussões, pois têm mais dificuldade de se recuperar das consequências. Não é à toa que, numa separação, as mulheres logo retomam a vida normal; para os homens, esse recomeço é sempre mais difícil, cheio de instabilidade e inadequações.

Portanto, a DR só vale a pena quando:

• é construtiva. Se os dois só querem falar e reclamar, sem ouvir, nada feito;

• aborda assuntos estruturais do relacionamento, ou seja, não as pequenas diferenças. Nem tudo precisa ser discutido. Algumas coisas se resolvem com o tempo;

• não tem como objetivo mudar *o outro*, mas sim *a relação;*

• há respeito um pelo outro e um acordo mútuo de não destruição aniquiladora.

O ritmo de cada um

Ao falar em DR, logo me vem à cabeça outra pergunta que sempre me fazem: as mulheres estariam indo rápido demais, com muita expectativa, atropelando os homens? É importante lembrar que a palavra "atropelado" nem sempre tem a ver com velocidade. Pode ser também por descuido, por desprezo, por raiva etc. De qualquer forma, eu percebo que os homens se sentem muito reconfortados quando sabem que podem contar com elas em todos os sentidos, não só no econômico, mas também na troca mais eficiente de informações, orientações e receios em relação a condutas profissionais.

As mulheres são bem mais práticas quando o assunto é a diversidade concomitante de papéis que devem exercer. Agem de forma rápida, ao passo que os homens, mais reflexivos, tendem a levar mais tempo para responder ao que é necessário nessas situações. Para elas, os homens são lentos, pois, enquanto elas executam vários papéis ao mesmo tempo, eles tendem a organizar as prioridades de outra forma. O que ocorre é que os homens, por natureza, precisam levar em conta todas as possibilidades envolvidas, tudo o que pode ter consequência direta sobre o resultado. E isso, é claro, consome tempo e diminui a velocidade.

Não se pode dizer que exista um jeito certo e um errado de conduzir as coisas; são apenas jeitos diferentes. Dependendo da situação, os homens levam vantagem, pois algumas decisões carecem de mais reflexão mesmo. Por outro lado, situações cotidianas ou mesmo banais tornam-se para eles elefantes brancos, e aí só uma mulher – prática e ágil – poderá livrar o caminho antes que todo mundo vire abóbora.

A síndrome do feijão com arroz

Se existe uma coisa que pode dar pano para manga a uma série interminável de DRs, o nome dela é tédio. Por isso, muita gente me pergunta: qual a receita para evitar essa síndrome do "feijão com arroz"? O tédio leva o homem a trair? Quando duas pessoas decidem viver juntas, sob o mesmo teto, já devem se preparar para isso. É muito difícil evitar os males da rotina, mas costumo dizer que, se o casal quer mesmo preservar a relação, é importante não fugir do problema. O tédio é o primeiro sintoma de que as coisas estão paradas, de que a troca emocional está perdendo o vigor. Muita gente desanima diante desse problema, imaginando que o tédio é algo incontornável, intrínseco ao casamento. Não é. Tanto que casais muito jovens já reclamam da rotina, enquanto há velhinhos que se sentem satisfeitos com seu companheiro e o dia a dia que levam. O tédio pode perfeitamente ser superado, mas para isso é necessário não só demonstrar os próprios sentimentos, mas também deixar o outro livre para se realizar como indivíduo, para buscar coisas novas. Essa é uma das grandes armadilhas do relacionamento: achar que o outro deve viver para a relação. Não se pode esquecer que, antes de ser um casal, cada um é um ser único, com vontades, projetos, amigos, esferas da vida que não necessariamente têm a ver com o relacionamento. Muitas vezes, é a insegurança que leva um parceiro a colocar o outro dentro de uma redoma, com o intuito de evitar, por exemplo, que ele se interesse por outra pessoa. É o que eu chamo de "tiro no pé". Se você quer realmente manter um relacionamento saudável, dê-lhe oxigênio , não gás carbônico. É a ordem natural das coisas.

Isso também vale em relação ao tédio. A síndrome do feijão com arroz até pode levar um homem a ter um caso fora de casa, mas certamente será uma das causas, não a única. Muitas vezes, o homem procura amantes para resolver um vácuo emocional que o casamento não está conseguindo preencher. Com a amante, não há vínculos explícitos de compromisso afetivo, como acontece no casamento, nem redomas, e ele se sente mais à vontade para demonstrar sentimentos que tem medo de expressar em casa. Em outros casos, o casamento torna-se um fardo tão difícil de carregar que ele procura outra pessoa apenas para ter um espaço e se sentir mais livre.

Ciúmes: a conta que não fecha

Todo relacionamento está sujeito a dois sentimentos bem conhecidos: a insegurança e a desconfiança. Somados, eles resultam em outro dos mais controvertidos: o ciúme, pivô das maiores tragédias amorosas, seja na ficção, seja na realidade.

É verdade que o ciúme, tal como o medo, tem sua dose saudável. Trata-se de um antídoto, que, em excesso, vira veneno. Por isso, na equação insegurança + desconfiança = ciúme, as parcelas podem variar de pessoa para pessoa, dependendo da história individual e da forma como o relacionamento foi construído. Quando uma das parcelas ou as duas caem no campo do excesso, o resultado quase sempre beira o patológico.

De modo geral, o ciúme doentio relaciona-se com o sentimento de posse e pode atingir ambos os gêneros da mesma forma. No entanto, uma pesquisa recente da Universidade de Santiago, no Chile, mostrou que homens e mulheres reagem de maneiras distintas. Elas tendem ao sentimento de dor e insatisfação, ao passo que eles revelam certa agressividade quando expostos a situações geradoras de ciúme. Do ponto de vista evolutivo, os homens se tornariam mais agressivos por serem responsáveis pela manutenção do par romântico e, portanto, obrigados a competir com os outros machos. A pesquisa ainda mostrou duas categorias distintas de ciúme: o sexual e o emocional. Ambos os gêneros sofrem desses dois tipos de ciúme, mas o primeiro é preponderante entre os homens. De novo, aspectos evolutivos poderiam explicar o fenômeno: nas fêmeas de mamíferos (caso da mulher), a fecundação interna garante-lhes maior certeza sobre o pai da prole; os homens, por sua vez, sempre ficam em dúvida.

Aspectos evolutivos à parte, o fato é que o ciúme feminino está mais ligado a uma disputa afetiva, algo do tipo "Você gostou mais da sua ex-namorada do que de mim", enquanto o masculino ancora-se na disputa sexual ("Você gostou mais de transar com ele do que comigo"). A mulher preocupa-se com a concorrente no âmbito estético: tamanho, cabelo, seios, quadril etc. O homem, por sua vez, com o fato de o outro saber mais do que ele sobre como satisfazer a mulher e quanto prazer ela teve com esse outro.

Não se pode eliminar a insegurança ou a desconfiança. São sentimentos que sempre farão parte da nossa vida, assim como o medo e o ciúme, e têm papel importante na nossa sobrevivência e na relação com o outro. O que se deve fazer é atentar para a dose. Como já dizia Paracelso, médico suíço, no século XVI: "Só a dose faz o veneno".

Pasta: Amigos

Se os homens fossem adeptos de fofices do tipo marcar com um coração os arquivos que mais adoram, certamente essa pasta ganharia uma fileira de coraçõezinhos. Os amigos são o tesouro dos homens. Nessa seara, as mulheres comportam-se como piratas saqueadores, doidas para roubar o tesouro e assumir o controle do navio. Puro erro de cálculo. Anular os amigos de um homem significa tirar-lhe o chão.

Para os homens, os amigos os fazem lembrar quem eles são. Tudo o que passaram juntos – seja contado, testemunhado ou ocultado, porém sabido – compõe um diário de emoções tão fortes que saltam das páginas toda vez que eles se juntam para relembrá-las e, muitas vezes, revivê-las.

Sempre que a minha turma da Faculdade de Medicina que cursei em Santos se encontra é como uma autobiografia escrita coletivamente. Esses médicos, incluindo eu, retomam fatos com frequência, uns completando os outros, resgatando uma memória da juventude que trilhamos juntos. Cada um fala uma parte, conta uma história tragicômica, arriscada, angustiante misturada com um ar de cumplicidade que é muito difícil para namoradas e cônjuges entenderem. Nesse momento, uma cara feia de uma delas pode aniquilar qualquer faísca brilhante dessa amizade. As que não liberam seus homens os tornam prisioneiros do presente. Só vale o que estão vivendo agora, o relacionamento com a família atual.

Isso apenas afasta o homem dessa mulher que, ao marcar acirradamente sua posição de rompê-lo com seu passado por medo de que possa fazer falta, também o estimula a empobrecê-lo nas relações em geral. Homens sem amigos antigos perdem-se de sua essência e morrem para si próprios.

Pasta: Traição

Essa pasta tem tantos arquivos que precisa de um HD externo para armazená-los. É quase uma coletânea histórica, que não adianta ficar disponível no dia a dia. São diversas fases, que contêm inúmeros exemplos, pautados por desejos realizados, realidades distorcidas, momentos inolvidáveis, pensamentos oníricos ou fatos instantâneos que podem parecer extraídos de outra pessoa, não dele. Mas, já que a curiosidade feminina pede, vou analisar a seguir algumas relações importantes entre amor e sexo.

Seleciona e deleta

O homem costuma conduzir a vida sexual de maneira muito mais leviana e imediatista que a mulher. Nos tempos de namoro, a ideia de quantidade era essencial, até limar qualquer complexo de inferioridade que se pudesse ter. Se essa etapa não foi vencida nessa fase e ficou praticamente virgem, de um romance só, assim que a oportunidade surgir, ele vai querer experimentar. Para os homens, a experiência de ficar, de beijar e muitas vezes de transar tem o valor de um centavo perto dos mil reais que significam para as mulheres. Falam sem cerimônia: "Lavou, tá novo...".

Afogando o ganso

A tensão que precede um ato sexual é aliviada no pós-coito, especialmente para os homens, que valorizam muito esse momento. Excetuando-se os que colocam em sequência vários orgasmos ou os compulsivos (menos comuns), a maioria dos homens, depois de uma relação sexual, já resolveu "o seu assunto". Mesmo que o episódio tenha sido preparado com esmero, trabalhado de forma a evitar qualquer dificuldade ou insegurança, tudo o que se espera é chegar ao fim. Cada quadro é um quadro. Isso não significa que os homens sejam incapazes de sensações ou de um projeto de continuidade afetiva com essa ou aquela mulher, mas simplesmente que esse assunto está terminado. Era uma necessidade que foi saciada. O ganso não foi afogado, mas sim renovado.

Fidelidade *versus* amor

Para os homens, o compromisso amoroso está naturalmente desconectado do desejo e do prazer sexual. O que isso quer dizer? Há várias facetas.

Um longa-metragem

Amar uma mulher exige dedicação, carinho, conquista, proteção, cuidado, admiração, dependência e necessidade de companhia de maneiras mais ou menos intensas, de acordo com a situação. Ao mesmo tempo, o desejo e o prazer sexual têm uma enorme escala de aderência, que vai da necessidade ardente à obrigação de "comparecer", que, às vezes, torna-se com o tempo um ato mecânico necessário à manutenção do relacionamento.

Um texto corrido

Não é incomum que um homem se veja menos atraído e às raias da impotência em relação a sua parceira e que procure alguma outra oportunidade de se testar. Tudo o que ele quer saber é se a máquina ainda funciona, se o motor pega e, é claro, se atinge a velocidade que ele conhece muito bem. Ao longo da vida, nem sempre os homens percebem que o seu desempenho é o mesmo ou até ganhou um *upgrade*, depois várias experiências, quando comparado aos primeiros encontros. Mas obtêm a maior satisfação com o prazer instintivo, sem nenhuma conotação afetiva.

Na verdade, nesse ponto deparamos com outra diferença entre os gêneros: eles precisam de novidade e da tensão do diferente para se excitarem. Nada demais, que provoque uma ameaça brutal a sua masculinidade, nem nada de menos, que vire um *dejá vu* repetitivo.

Um documentário

Não se pode ignorar o mundo lá fora, e os homens o observam. Muita coisa se passa dentro dele – e até remete às mais variadas lembranças, inclusive as repressivas e opressivas –, quando vislumbra as variadas mulheres com as quais ele ainda não pôde se testar e provavelmente não o fará, ou mesmo a concorrência, ou seja, o mercado com milhares de homens potentes e poderosos que ele gostaria de ser. Modelos que vão variar da infância à vida adulta.

Por mais que isso possa assustar as mulheres, soando como uma canalhice sem-fim, o fato é que tudo não passa da manifestação de desejos mais primitivos, que permanecem na categoria de fantasias adolescentes e dão um colorido à mente masculina. Não constituem o homem no seu dia a dia, aquele ser maduro que já terminou seu percurso de pesquisas nesse campo, ou que chegou a essa etapa e se estabilizou. É verdade que muitos tiveram dificuldade de estruturar condutas controladoras, apagando ou pelo menos desligando os botões da adolescência colorida que pungia e os desregrava.

Mas, afinal, por que eles traem?

A fidelidade, ou melhor, a falta dela está ligada ao desejo e ao prazer sexual, que, por sua vez, remetem a questões muito profundas, em alguns casos até primárias.

A sensação de traição é diretamente proporcional à proibição de cometê-la. Se um homem sai com outra mulher, mas não tem a sensação do proibido, provavelmente não vai considerar isso uma traição. Mesmo que ele faça o tipo conquistador, tudo não passará de um test-drive para experimentar o novo modelo de carro que ele nem sequer pretende comprar. É só para saber como o motor arranca, se ele sabe manobrar a novidade, enfim, para ticar e ficar a par do que está acontecendo no mercado.

Mas que fique bem claro: nem todos os homens traem. Não mesmo! Muitos pensam, olham e imaginam, mas não chegam a qualquer movimento nesse sentido fora da relação que têm. Alguns conseguem se manter assim do começo ao fim da corrida, ou seja, durante toda a vida. Outros, quando o motor pifa ou falha, param no boxe e consertam aqui ou ali, para seguir em frente. Alguns estacionam nesse boxe, e mesmo se mantendo no autódromo da fidelidade amorosa, não mantêm a fidelidade sexual.

Por outro lado, sabe aquele carro que estava em primeiro lugar e perde a corrida porque ficou tempo demais no boxe? É o que resume o sujeito que corria para ser o homem perfeito. Perfeito e fiel. Mas um dia sentiu necessidade de parar. Quando parou, percebeu não estava funcionando direito e corria o risco de causar um acidente, ou seja, buscar o troféu de virgem de infidelidade e topar com a possibilidade de não recebê-lo. Nesse momento, muitos decidem sair da corrida e mudar de rota; afinal, dão-se conta de que ganhar esse troféu não é tão importante quanto reviver o colorido do amor adolescente movido a paixão impulsiva. De tão reprimidos que eram, desistem do prêmio e vão atrás de sentirem-se intensos e vívidos novamente. É assim que muitos casamentos balançam ou até mesmo terminam.

Uma coisa, porém, é certa: se um homem escolhe livremente a dedicação exclusiva, quando exposto a uma possibilidade de deslize, tem menos chance de causar grandes desastres.

Amor ou amores: afinal, o que é trair?

Quando se faz essa pergunta, a primeira coisa que vem à mente é: traímos o outro ou traímos a nós mesmos?

A vida em sociedade exige algumas regras para dar certo. Não fosse assim, tudo seria uma grande baderna, uma torre de

Babel agigantada. Os vínculos são como teias que se unem para manter uma grande estrutura. Se eles não existissem, não haveriam relações interpessoais ou sociais. Entre os membros dessa grande estrutura, as teias funcionam como canais de troca: eu seguro você e você me segura. Por isso, quando se observam de perto as relações de fidelidade, percebe-se que há muito "não trair" para "não ser traído". Consequentemente, há muita raiva de não ter traído quando se flagra o outro traindo. No fundo, no fundo, não há exclusividade no amor, não há amor único. Alguém pode ser o grande amor da vida de uma pessoa, mas talvez ela já tenha tido outro grande amor assim. A vida é dinâmica, e outros tantos amores podem ir e vir, dependendo do quanto cada um se permita. O difícil é administrar essa dinâmica. Aliás, bem difícil; em certos casos, impossível.

Para o homem, a traição pode ser totalmente casual, aliás totalmente hormonal e física. Ele sente um frisson, um tesão, e quando vai ver está a fim de outra. Muitas vezes, fica por isso mesmo. Pode ou não chegar ao sexo ou ao envolvimento.

Milhares de anos após a instituição do casamento monogâmico, um dos seus maiores preceitos morais está sendo colocado em cheque e discutido por pessoas e profissionais de vários setores. O ataque à fidelidade, que pode ser chamado de traição, adultério ou apenas infidelidade, comporta várias causas e consequências, que podem tanto negá-lo quanto justificá-lo. Alguns dizem que a traição, em certas ocasiões, pode: a) salvar um casamento, servindo como válvula de escape e descarga de tensões para que elas não cheguem a destruir a relação; b) resgatar a segurança perdida por meio de um exercício que acessa um canal interrompido. Alguns profissionais que lidam com esse problema diariamente, como psicólogos familiares, sociólogos e até mesmo teólogos, defendem isso baseados em fatores práticos, alegando que o apego a valores tradicionais e inflexíveis é um erro. Para eles, aqueles que conseguem separar sexo de amor podem ter outros parceiros ou parceiras sexuais e depois voltar para as pessoas que amam, muitas vezes até mais felizes e descontraídas. É a chamada "traição positiva".

No entanto, ao analisar com profundidade essa situação, percebe-se que a inclusão de um terceiro para que o casamento dê certo muitas vezes encobre a falta de percepção de que algo está errado na relação. Afinal, a pessoa trai, chega em casa mais aliviada e contente e pode estar se enganando, dizendo que as coisas vão bem. Além disso, ao omitir o ocorrido do parceiro, a culpa, a tensão de ser descoberto e a sensação de que existe algo em sua vida que ele (ou ela) não pode saber separam cada vez mais o casal, deixando um espaço vazio entre os dois. Se essa lacuna não for tratada com atenção, tenderá a crescer, trazendo, por sua vez, uma necessidade contínua de traição, certamente com um vazio a ser preenchido.

Se há uma traição permitida socialmente, é o futebol. Recentemente, numa final de campeonato, mais de 20 mil torcedores do Corinthians viajaram para o Japão. É paixão, com certeza. Um sentimento muito genuíno, profundo, dedicado, completo, que arrebata os corações masculinos. Eles declaram, sem pudor nem constrangimento, o quanto o time é importante para eles, juram amor 24 horas por dia, deixam tudo de lado para se dedicar a essa paixão. Pagam qualquer preço, vendem carro para ver o Timão, deixam de trabalhar, beijam-se e abraçam-se declarando cumplicidade eterna e total aos companheiros desse amor. Há muito tempo não se via um deslocamento humano continental dessa monta num espaço de tempo tão condensado para um amor de fazer inveja a Romeu e Julieta. Assim acontecem outras tantas paixões, permitidas, que preenchem o que não é possível contemporizar com as oficialmente conjugais.

Pasta: Sexo

Todo homem pensa muito em sexo, mas nem todos o praticam, nem o tempo todo, nem com todo mundo. Só para constar, de acordo com estudos na Princeton University, o que melhora o humor dos homens é, em primeiro lugar, a música (52%) e a conversa com amigos ou familiares; bem depois, aparece o sexo com 25%.

Assim, é preciso desmistificar essa relação quase "tarada" do homem com o sexo.

Arquivos secretos

Eles pensam muito em sexo, sim, mas isso não quer dizer que vivam disso. Por outro lado, também não dá para esperar que pensem no sexo com amor o tempo todo. Por mais que as feministas queimem os sutiãs e, se possível, as cuecas com seus respectivos dentro, para os homens o sexo ainda carrega muito de instintivo, físico e experimental. Aliás, o que eles mais gostam, cedo ou tarde, é de variar. Uma nova relação tem sabor de teste, de desafio, algo que aguça a imaginação. Quando os homens estão na mesma relação, com a mesma pessoa, do mesmo jeito, tendem a achá-la monótona. As mulheres que me perdoem, mas sinceridade é fundamental.

Variar está bastante relacionado com experimentar. O homem é um cientista nisso. Busca algo que ainda não encontrou: fazer associações com situações que lhe deram muito prazer, provar algo que viu, ouviu ou pensou. Por aí estão todos os apelos de mídia, histórias de outros homens, recordações de tempos idos, estímulos das próprias mulheres.

Na contramão aparecem aqueles que perdem o acesso a essa pasta ou simplesmente a bagunçam. No universo feminino, essa situação parece pouco real. As mulheres não conseguem acreditar que existam homens indiferentes ao sexo. Mas o fato é que isso não é tão incomum assim. Fatores físicos ou emocionais podem levar alguns homens a se afastarem do sexo por acharem essa atividade enfadonha, desnecessária, frustrante e impossível fisicamente. É um processo complexo, difícil de entender, que provoca uma espécie de geleia geral na cabeça, interrompendo o fluxo da energia sexual. Não haverá terapia que funcione, nem mágica, se o paciente mantiver a vida que leva. Como mudar de vida é quase emigrar para outro continente, nem aprendendo a língua vai se perder o sotaque.

Não é qualquer homem que chega lá no fundo das suas dúvidas e admite remexê-las. Leva muito tempo de terapia e outro tanto de confiança no terapeuta para aceitar, por exemplo, lembranças sobre jogos homossexuais infantis ou absurdos (emocionais ou físicos). Envergonhados, dificilmente querem lidar com a frustração de não terem encontrado a mulher que imaginavam ter. Não querem nem pensar que a sua mulher teve outros, como pode ter sido e como ela os compara.

ELES SÓ PENSAM EM SEXO E FUTEBOL

Essa é uma das máximas proferidas pelo mulheril quando o assunto é homem. Sim, os homens dão a entender que pensam muito em sexo e futebol. Da mesma forma que as mulheres dão a entender que são mais maduras e estão sempre prontas para um relacionamento sério, quando, na verdade, vivem se descabelando com perguntas do tipo "Por que ele não liga?" e, não raro, dispensam um homem porque ele não preenche os 150 pré-requisitos da sua lista – ou seja, não é uma espécie de George Clooney com cérebro de Bill Gates. Nem sempre o que damos a entender é o que realmente fazemos ou achamos.

A conversa com o seu Joãzinho

Muito já se falou em psicanálise acerca da relação do homem com o pênis e da inveja que a mulher teria desse pênis. Sem dúvida, é uma relação peculiar, típica do pensamento que vem da cabeça deles, totalmente indevassável para o entendimento feminino. Desde cedo, os meninos lidam com esse apêndice como se fosse um ser com vida própria. No início, "divertem-se" com as várias denominações que dão ao próprio membro (diminutivo ou superlativo do nome civil, Joãozinho, pipi, pinto, entre outros impublicáveis), mas logo percebem que têm ali um ser que não pode ser controlado: é amigo ou inimigo, dependendo se atende adequadamente à ordem de ereção ou não.

Quantos meninos na tenra idade têm vexames ostensivos quando chamados pela professora primária para a frente da classe e estão com o dito-cujo elevado? E quando ejaculam adolescentemente na cama, durante uma noite onírica excitante – que nós, médicos, chamamos de polução noturna –, e a cama de manhã está mesmo "poluída" por uma marca no lençol? Quantos ensaiam a primeira relação sexual e o maldito não os atende? Pudera, não havia conexão com a que estava lá para receber a penetração. A confusão de tantas informações desconhecidas sobre aquele universo só poderia dar curto-circuito nos fusíveis!

Nem falo aqui dos pequenos desastres na vida adulta e das grandes catástrofes da maturidade mais plena, que podem desestabilizar por completo um homem e afetar gravemente um relacionamento conjugal. A escolha de uma futura esposa pode, inclusive, pautar-se por essas experiências, riscando aquelas que, sem que se saiba por que, não conseguem obter dele satisfação sexual. Inúmeros homens que atendi durante sessões de psicoterapia relatam que queriam muito que o relacionamento conjugal tivesse sucesso. Era a mulher que queriam ter na vida. Mas a vida sexual com ela não dava certo, era um drama. Por isso costumo dizer que a convivência com o seu Joãozinho (ou seja lá o nome que lhe couber) vai ser determinante para o futuro de qualquer homem, revelando-se a maldição ou a bênção.

Por outro lado, quando o seu Joãozinho funciona, estabelece uma relação de super-herói com o dono. Quando o homem tem uma ereção primorosamente enrijecida, sente-se poderoso de um jeito especial. Se a mulher consegue aquilatar o significado disso para ele, pode deparar, sim, com um sentimento de inveja; a satisfação masculina nesse momento é incomparável a qualquer outra.

Não é à toa que quando os homens se encontram para contar suas proezas tratam-nas com o alarde das vitórias em um campeonato. E nem sempre é para ganhar do time adversário. Alguns até têm muita inveja da performance alheia e fazem terapia com o objetivo de chegar ao mesmo lugar do pódio, mas essa não é a regra. Em grupos, a maioria conta suas proezas sexuais por se sentir exultante com a satisfação atingida, não para disputar o pódio com os outros.

Com o advento feminista, elas aprenderam bastante a respeito desse assunto e essa inveja não ocupa mais um lugar central na vida delas – pelo menos não quando se baseiam na satisfação que eles obtêm. No entanto, não dá para dizer que as mulheres se livraram de vez desse sentimento; a inveja do pênis costuma aparecer nos venenos ou pragas que elas instilam quando uma conta do seu sucesso na cama e a outra não faz ideia do que isso seja. A diferença é que os homens até invejam muito o desempenho do outro, mas não desejam que ele se afogue na primeira poça d'água. Com as mulheres, não é preciso uma poça d'água; elas querem logo que a contadora de vantagens se afogue na própria saliva.

Arquivos nem tão secretos, mas ignorados

Deixando de lado um pouco os aspectos mais psicanalíticos e profundos que regem a relação dos homens com o sexo, chegou a hora de tratar das questões que mais afligem as mulheres, aquelas que se tornaram (para elas) quase equações de terceiro grau, indecifráveis.

O drama do dia seguinte

Por que os homens não ligam no dia seguinte? É um drama mesmo; para elas, é claro. Eles não têm nenhum problema com isso. São perfeitamente capazes de se apaixonar e sentir culpa ao magoar alguém, mas, quando há excitação sexual, esses mecanismos não entram em jogo na consumação do ato. Os homens conseguem separar muito bem uma coisa da outra, mesmo quando, antes ou depois do ato, emitem sinais diversos. É justamente essa sinalização, um pouco confusa, que pode fazer a mulher esperar por "algo a mais" de um parceiro que só queria uma noite de sexo. Não adianta se atormentar. Quando eles não ligam no dia seguinte, isso não quer dizer que não gostaram.

Cada caso é um caso, mas, no geral, as mulheres tendem a levar a situação para o lado sentimental – inclusive as mais "moderninhas" –, ao passo que os homens são mais racionais. No dia seguinte, retomam sua rotina, não passa o dia todo, do primeiro minuto da manhã até o entardecer, esperando um telefonema ou pensando em telefonar – mesmo que pretendam fazê-lo mais tarde.

Por outro lado, algumas situações, ou melhor, alguns tipos de mulher, realmente podem levar um homem a não ligar *mesmo* no dia seguinte:

• A PEGAJOSA: mesmo que um homem tenha se encantado por uma mulher durante uma noite de sexo, dificilmente vai querer levar isso adiante se ela se mostrar desesperadamente ávida por um relacionamento sério. Isso dispara o sistema de alarme masculino, que teme frustrar as intenções dela. Os homens não se sentem à vontade com o assunto "sentimentos e relacionamentos" logo nos primeiros encontros.

• A INVESTIGADORA: o sexo foi ótimo, mas, na hora do papo, a mulher puxa uma espécie de interrogatório sobre a vida, a família, as ex-mulheres, o cachorro, os filhos, os amigos, os bens etc. do sujeito. Perguntar demais, logo de cara, assusta.

• A PASSADISTA: essa é o tipo que, logo no primeiro encontro, confunde o homem com seu psicanalista e dispara a falar do próprio passado e de todas as suas experiências. Nada mais constrangedor. Deixe para o divã aquilo que ao divã pertence.

• A MULHER-MARAVILHA: seja por insegurança, seja para fazer um tipo mesmo, algumas mulheres vão para uma noite de sexo munidas de uma espécie de escudo onde se lê: "Eu estou aqui, mas me basto, não preciso de nada, nem de ninguém". Uma noite de sexo pode ser apenas uma noite de sexo, tanto para o homem quanto para a mulher, mas o excesso de autossuficiência corrói o papel de protetor que os homens gostam de exercer. Resultado: eles se afastam, porque se sentem dispensáveis.

• A socioenredada: quase sócia da operadora de telefonia e continuamente conectada com todas as redes sociais, leva todo mundo para o encontro amoroso. E ele, que nem queria tanta gente participando do evento, se vê sendo fotografado e compartilhado com centenas de conexões dela. Uma furada...

O sexo no primeiro encontro

Por mais que décadas de feminismo tenham pregado a igualdade de direitos entre homens e mulheres, esse assunto ainda é espinhoso, mesmo para as mais jovens, mais "moderninhas". Na realidade, a pergunta "devo ir para a cama com ele no primeiro encontro?" tem sua razão de ser e carrega um fardo cultural gigantesco.

As mulheres foram criadas segundo duas premissas: os homens nunca dizem "não" enquanto elas devem pensar duas vezes antes de dizer "sim". Na prática, ao topar o sexo sem rodeios, as mulheres sentem o peso de uma possível rejeição que pode, sim, acontecer por inúmeros motivos, principalmente porque muitos homens têm dificuldade de aceitar parceiras de sexualidade mais livre ou com muitos parceiros anteriores.

O problema do primeiro encontro não está no sexo em si, mas nas expectativas de cada um. De um jeito ou de outro, as mulheres tendem a fantasiar sentimentalmente esse momento; já os homens podem ir para a cama no primeiro encontro por um motivo completamente diferente dessa fantasia: atração física pura. Eles sabem exatamente o que querem quando começam e quando terminam. Elas fazem um percurso mais nebuloso e vêm embaladas tanto quanto o repertório romântico deles estiver atualizado. E os homens são bons nesse tipo de repertório. Aí começa a confusão. Cada um entra na brincadeira com uma expectativa.

Certa vez, um paciente em terapia comigo reclamava de si mesmo, dizendo que andava destreinado. Tinha saído várias vezes e em nenhuma havia conseguido chegar em uma mulher. Tudo o que falava ou pensava em falar parecia ridículo. Na verdade, ele estava tão amadurecido em relação às questões amorosas que sabia muito bem qual era o seu *timing* nesse campo. Não queria se envolver mais uma vez de maneira equivocada, o que, no passado, havia lhe custado um pacote de culpa, dúvidas e decepções. Por outro lado queria ter sexo, se possível completo. Não queria ficar adormecido, mesmo que não houvesse tanta urgência. Estava se resolvendo bem, aqui e acolá. E dizia: "Luiz, eu fico pensando o seguinte: as que estão a fim querem muito namorar, são pessoas legais, mas não vejo em nenhuma a mulher que eu gostaria de ter, só queria mesmo transar". Então eu lhe perguntei: "Mas o que cada uma tem que não agrada ao ponto de você já tê-la descartado?". E a resposta veio: "Uma mora numa zona (de São Paulo) que é fora de mão e tem todas as diferenças sociais e de educação. A outra já tem filho. A outra é mais velha. Eu as acho superlegais, uma é linda, as outras também são muito bonitas. Mas eu quero alguém com quem eu já veja futuro, chega de me estourar todo num relacionamento em que vou estar insatisfeito".

Os homens podem saber muito bem o que querem, mas, na maior parte das vezes, topam algumas coisas pela oportunidade, casualmente, para ter companhia, se entreter etc. É o caso do sexo no primeiro encontro. As mulheres, quase sempre fantasiando, ficam ali, à espera de algo mais, e eles sobram com a culpa, sem saber o que fazer com ela. Acuados, fogem ou inventam histórias, enrolando-se ainda mais. Se isso acontece num primeiro encontro, a chance de a mulher achar que ele a considerou fácil e por isso caiu fora, é enorme. Para ele, o argumento cai como uma luva: nada melhor do que um clichê cultural para se livrar de uma enrascada. Sabe aquele novelo que quanto mais você puxa mais comprime o nó ao tentar desmanchá-lo? Chega uma hora em que a gente se enche, pega uma tesoura e corta. Dane-se a perda do novelo, pelo menos o sujeito se livrou da incompetência de não achar as pontas e ser capaz de desembaraçá-lo. Machucam e machucam-se também. Depois ficam como os passarinhos do meu terraço de casa: vem, vão, bebericam um pouco de água, pulam de planta em planta, voam de volta para não sei onde. Passado um tempo, voltam numa animação tão grande que parece até que vão ficar por ali, mas não ficam, não...

Quando as mulheres se preocupam com o que eles vão pensar se elas forem para a cama no primeiro encontro, na verdade não estão preocupadas com o que eles acham, mas com o que elas esperam daquela noite. Ambos querem o melhor para si. E o que elas esperam não necessariamente tem a ver com *aquela noite*... mas com a forma como aquilo pode interferir na realização de seus planos e desejos.

Isso é muito comum nos primeiros encontros, inclusive. Com ou sem sexo, homens e mulheres tendem a pensar na própria performance e nos seus objetivos. Olhando de fora, é uma situação até meio egoísta. O jogo da sedução é egoísta: "Eu seduzo para mim".

Mas o fato é que não existe relação entre o sucesso de um relacionamento e o fato de ele ter começado numa noite de sexo. Há muitos casais que foram para a cama no primeiro encontro e estão juntos até hoje. Assim como tantos outros tiveram a primeira transa só na lua de mel, depois de anos de namoro, e engordam hoje a turma de divorciados. Tudo depende da intenção de cada um quando conhece o outro. O importante é livrar-se das muletas culturais e deixar rolar, consciente de que o que você espera pode não ser o que o outro quer.

A INICIATIVA DA MULHER NA CAMA ASSUSTA OS HOMENS?

Assustar não assusta, até porque eles sabem que são elas que os "transformam" em "bons de cama"; por isso valorizam esse aspecto. Homens menos fechados, por exemplo, esperam que uma mulher os libere. Já os recatados podem considerar vulgar essa mesma mulher. De modo geral, mesmo quando os homens permitem que elas tomem a iniciativa na cama, precisam sentir-se ativos. Não querem ter a sensação de estar com uma mulher-homem.

Pasta: Trabalho, profissão e valores

Pode parecer paradoxal, mas o trabalho dá aos homens uma sensação de liberdade, ao mantê-los longe de tramas familiares e relacionamentos afetivos muitas vezes ávidos por respostas complexas que eles nem sempre querem dar. No trato dos assuntos profissionais, as respostas são claras e objetivas, um campo da cognição em que os homens se dão muito bem.

No dia a dia, vejo que eles se tornam tão craques nessa área que dificilmente misturam problemas de relacionamento familiar com questões de trabalho. Um homem pode ter discussões homéricas com sua mulher e chegar ao escritório totalmente focado. De novo, isso pode estar relacionado a aspectos evolutivos do tipo "Não importa o que aconteça, preciso manter a sobrevivência da minha família", mas o fato é que os homens têm um apego muito grande aos valores que lhes conferem poder. Estão, por exemplo, sempre em busca de bens materiais, seja um apartamento novo, seja um carro do ano – qualquer coisa que agregue poder. Preocupam-se constantemente em como não perder o que já conquistaram e, se possível, aumentar e melhorar o patrimônio já conquistado. É um vício mesmo, matemático quem sabe. Eles gostam da física que teoriza, da química que mistura e da astronomia que os tira do chão e os ejeta para a conquista "simples" de Plutão.

Nessa pasta, não adianta esperar que ele valorize o jantar à luz de velas na Torre Eiffel ou o passeio romântico no Bósforo de Istambul. É impossível estar numa estrutura digna do prêmio Nobel de engenharia ou arquitetura e prestar atenção na chama de uma vela postada como outras dezenas de velas num restaurante. Da mesma forma, não dá para raciocinar sobre qualquer outro assunto se o celular não funciona e o impede de acompanhar as dezenas de decisões que precisam ser tomadas para que a firma não vá para o buraco.

Homens e mulheres agem de acordo com suas necessidades e possibilidades de satisfação interna. Os valores de um podem não ser os do outro. A união dos dois como casal não é sinônimo de conjunção de valores, que até podem dificultar a relação quando a linguagem de cada um no que diz respeito aos projetos futuros não está claramente estabelecida. No início de um relacionamento, por exemplo, cada um ainda está muito conectado com o próprio "eu" e não com o "nós", mantendo a intersecção circular do "O" como um espaço de aprisionamento entre o "N" e o "S", e não como um espaço para troca, que é o propósito do "NÓS".

Pasta: Ego e vaidade

Não quero aqui entrar nos recônditos psicanalíticos do ego e das vaidades, dois sentimentos que já deram o que falar desde os deuses do Olimpo e suas sagas seculares. Mas essa pasta não poderia faltar.

O homem é capaz de chegar a extremos perversos de uma agressividade sem tamanho. Se conseguir capturar a presa inocente que o idolatra, nada vai segurar seu ego. Ele realmente acreditará que é um salvador, não só da Pátria, mas também da humanidade. Tornar-se-á o professor de pupilos eternos (coitados dos filhos e funcionários) e, com seu poder de amedrontar, viciará a mulher a obedecê-lo, alimentando a própria vaidade a cada sucesso. Convicto de nunca estar errado, fará a própria lei e o próprio código de conduta, impostos a qualquer um que cruzar o seu caminho. Para esse homem não existirá autoestima em baixa, se em seu percurso não houver alguém que o enfrente. Parece sinopse de filme, daqueles sobre imperadores cruéis. Mas não é. Esse sujeito existe, está por aí e colocaria um Nero ou um Napoleão Bonaparte no chinelo. Achou exagerado? Quem nunca conheceu um homem assim? Que fala grosso com a mulher, praticamente uma escrava do lar, e que desconhece qualquer limite de bom senso e respeito? As manchetes de jornal estão repletas de personagens desse tipo. O ego e a vaidade podem levar à violência, e isso não está ligado a classe social ou poder de compra, mas sim a aspectos estruturais do indivíduo e de sua personalidade. No próximo capítulo, você vai conhecer a fundo os vários tipos de homem, como eles se formam e por que se tornam o que se tornam – príncipes, sapos e suas muitas variações.

CAPÍTULO 4
TIPOS DE HOMEM

Voltando à metáfora do computador, vamos compreender agora os vários tipos de *hardware*, ou seja, os vários tipos de homem. Dependendo da forma como os circuitos e chips foram montados e da maneira como se interligam, tem-se determinado modelo de computador – que pode se comportar de um jeito ou de outro, pois é preciso levar em conta quem o manuseia, o uso que se faz dessa máquina, a quantidade de programas instalados e assim por diante. Mesmo que você compre o mesmo modelo que eu, nunca teremos equipamentos iguais.

Com os homens acontece a mesma coisa: é possível delinear algumas características comuns que os definem dentro de uma mesma categoria, ou modelo, mas isso não quer dizer que todos os membros de determinada categoria sejam clones uns dos outros, rotulados em laboratório.

Aliás, ninguém gosta de rótulos; ou melhor, ninguém precisa deles. Rótulos tendem a reduzir e a estereotipar. Reduzir significa diminuir a possibilidade de ver em detalhes; estereotipar vai na mesma linha, mas utiliza referenciais conhecidos de antemão, que predeterminam julgamentos categóricos e suposições – muitas vezes falsos. Resumindo: coloca-se tudo na mesma panela, e ninguém cabe inteiramente numa, deixando-se muita coisa de fora. Portanto, o objetivo deste capítulo não é reduzir os homens a algumas simples categorias. Ao contrário, o que se pretende aqui é mostrar os diversos fatores que influenciaram – e ainda influenciam – o homem contemporâneo e que podem propiciar um jeito de ser ou se apresentar a alguém.

Hardware *versus* software

No capítulo anterior, você viu como os homens funcionam do ponto de vista do *software*, ou seja, do sistema operacional que organiza e executa as ações no que diz respeito às muitas pastas que a máquina armazena.

Neste capítulo, vamos no focar no *hardware*, na máquina em si, ou seja, na estrutura físico-psicológica do homem. Você vai descobrir de que modo essa estrutura, complexa e sujeita a inúmeros fatores, está ligada ao sistema operacional e até que ponto é responsável pelo sucesso ou o fracasso da máquina.

O fator idade

De modo geral, pode-se dividir os homens em três faixas etárias: jovens adultos (até 30 e poucos anos); adultos (ao redor dos 40 anos); e maduros (já passaram dos 50).

Os jovens adultos

Nessa faixa etária, os homens estão preocupados em aproveitar a vida intensamente, é claro. Daí a dificuldade que têm de se afastarem dos amigos, com quem eles realmente se divertem, contando histórias como se estivessem vivendo grandes aventuras. São capazes de passar horas nessas reuniões intermináveis, seja no bar, seja no churrasco do fim de semana. As mulheres podem não perceber, mas o fato é que nesse momento eles também estão ali "tricotando", tal como elas fazem, de certa forma ouvindo e vivenciando como cada um constrói a própria história. A diferença é que as mulheres falam umas com as outras para entenderem a si próprias. Os homens têm como objetivo, ainda que inconsciente, testar juntos os exercícios de confirmação masculina.

É nessa fase que o lado profissional está – ou deveria estar – decolando; por isso há variações: você vai encontrar desde os "nem-nem", aqueles que nem estudam nem trabalham, até os completamente focados na carreira e afins. Se os primeiros ainda estão se situando, e isso vale também para as relações afetivas, os últimos até podem engatar uma relação mais estável, apesar de igualmente sujeitos a grandes picos de variação. Ao ritmo de uma menstruação, trocam de mulher todo mês.

Nos dois grupos, há ainda muitos subtipos de megadesencanados e perseguidores dos bons costumes. Há aqueles tão desencanados que desistem de quaisquer regras que possam parecer machistas, beirando até o abandono completo quando o assunto é dedicar-se a uma mulher. Deixam tudo tão solto que nem elas conseguem estabelecer um vínculo forte com eles. São uma categoria que lembra a dos grandes amigos, com os quais se pode manter uma relação estável sem grandes rusgas indefinidamente – algo que, com o tempo, poderá ficar um tantinho morno, se não houver uma nutrição adequada ao relacionamento homem-mulher. Os adeptos dos bons costumes cuidarão dos passos e dos envolvimentos a que se expuserem. Tudo está programado, e tentarão fazer as peças se encaixar para que dê certo. São do tipo altamente previsível.

Outros são mais difíceis de contentar. Querem ter certeza de que procuram uma mulher para chamar de "sua". Não toleram traições, controlam seu comportamento social pior que pai austero, contabilizam quantos vieram antes deles e, se porventura imaginam algo íntimo com outro, sentem-se em um filme de horror. Os mais exigentes avaliam como elas se dão com a própria família e no convívio com os amigos, qual a origem e a formação cultural e educacional que têm, além de atentarem para o futuro da construção familiar conjunta e o impacto que a carreira delas terá sobre isso.

Percebe-se que os jovens adultos de hoje em dia revelam aspectos bem atuais da vida moderna e das novas tendências de relacionamento, mas não abandonaram alguns preceitos bastante conservadores, o que costuma confundir bastante as mulheres.

Em alguns casos, quando se decepcionam e desistem de procurar uma companheira, acabam se vendo em um beco sem saída, diante de uma série de conceitos e preconceitos sobre si próprios. Se essa fase não for superada, isso poderá levá-los a cultivar crenças limitadoras muito prejudiciais aos relacionamentos futuros e à visão que terão do universo feminino.

Eles dizem...

"Queria descobrir onde a minha vida deu um nó e por que construí uma autoimagem tão negativa. Parece que o peso das críticas sempre me desestruturou." E. R.

"Elas não são direitas, quero alguém que não seja falada por aí. Não quero passar por corno manso." T. C.

"Tive uma namorada que gostava de dançar lambada. Eu não tinha molejo para dança, mas me esforçava. O maior trauma foi quando descobri que ela tinha saído com dois caras. [...] Depois tive outro relacionamento e, por conta dessas coisas do passado, não me interessei em casar, mas ela queria muito isso. Fazíamos viagens, comprei apartamento, moramos juntos... Acontece que ela tinha três empregos e nenhuma afinidade com os cuidados com a casa. Ela ficava tensa por causa do trabalho e ainda estudava. Eu queria ser pai, mas me sentia inseguro por causa da traição daquela minha ex-

-namorada. Não me sentia seguro para ter filhos com ela. O que me incomodava era a ideia de ter filho e não me sentir preparado. É difícil pensar em se doar, sair de si e cuidar de filho." J. L., 30 anos.

Adultos

Nessa fase, os homens estão mais próximos da realização de projetos idealizados na fase anterior. Já estudaram bastante, trabalharam muito, tiveram a oportunidade de se testar em diversas posições profissionais e alcançaram os principais objetivos. No entanto, ainda estão finalizando as escolhas afetivas.

Como já se distanciaram do papel de estudante, não esperam tanto que o aprendizado só venha de fora, de alguém que saiba mais, nem se revoltam como na fase anterior com as normas impostas por isso. Já sabem que precisarão conciliar a vida profissional com a social e a afetiva. Olham para um futuro próximo, em que preveem a construção de um vínculo amoroso que permita a realização da paternidade. É comum no consultório encontrar homens que pensam na paternidade antes do casamento, mas que, quando o matrimônio se instala – e com eles todos os conflitos –, acabam adiando a ideia, repassando a decisão para a mulher, que cedo ou tarde vai pressioná-lo para que os filhos venham.

Mais seguros nessa fase, escolhem essa mulher com base em outros critérios. Não estão mais tão preocupados com o recato da moça e a antiga necessidade de parecer um príncipe. Por outro lado, estabelecem premissas bem claras sobre o papel que a mulher vai desempenhar na relação, levando em conta sua experiência de vida e a disponibilidade para se dedicar a ele. Enfim, ela pode ser mais livre, mas tem de ser mais comprometida com o que ele considera ser importante no seu projeto pessoal.

É nessa fase também que encontramos certa dinâmica nos relacionamentos. Não raro eles estão casando, tendo filhos, descasando ou recasando. São movimentos emocionais drásticos que os colocam em contato com medos, dúvidas e decepções, deixando, é claro, várias sequelas. Nessa dinâmica, podem se mostrar bastante instáveis, na tentativa de se recomporem. Isso vai desde uma mudança total de comportamento, tornando-se extremamente responsáveis, até um "pé na jaca" geral, expondo-se em muitos relacionamentos, desenfreadamente, a fim de retomar logo a segurança que lhe faz falta.

Eles dizem...

"Nesta semana eu me separei. Casamento de 6 anos. Era mais ou menos esperado.

Não foi a primeira vez. Apesar de ser esperado, fiquei meio sem chão, voltei a fumar, tenho bebido um pouco, principalmente à noite. Estou num lugar que não tem TV, nem cama. E no meu trabalho estou passando uma semana bem difícil." D. S.

"Se eu tivesse um filho, não conseguiria ter força para pedir demissão, caso sofresse algum tipo de humilhação no trabalho. Eu me sinto livre para me posicionar no trabalho, o que contrastaria com o fato de ser pai. Esse papel me deixaria mais frágil para enfrentar os problemas de trabalho. Pai + marido = submissão no trabalho. Se eu for só marido, isso não vai afetar o trabalho." H. F.

Maduros

Homens que já passaram dos 50 anos têm, obviamente, mais vivências e ultrapassaram a necessidade de confirmar o seu lado masculino, estando mais livres para mergulhar no que realmente é significativo. Não que eles deixem de reprimir e introverter o que desejam, mas já sabem mais do que precisam.

Se estiverem em um relacionamento, têm mais armas para se defender de invasões e usam com mais destreza instrumentos de disfarce, recolhendo para si o que veem que não tem chance de ser compartilhado. Também têm muito claro o que dividem e o que mantêm separado, principalmente na relação com a mulher. Por isso se entregam seletivamente e distribuem os afetos de forma parcimoniosa, sabendo cultivar melhor o que já adquiriram.

A vida própria já não tem a conotação de egoísmo, mas de limites, de modo que a realização pessoal tenha seu lugar preservado. Assim, também são mais claros nos relacionamentos e não se deixam manipular facilmente, por maior que seja a pressão em volta.

Eles dizem...

"Tenho de parar de me iludir com romances [..]. Sempre fiz de tudo nos relacionamentos e sinto que recebi pouco, principalmente agora que estou precisando de ajuda. Talvez eu precise dar mais valor a mim mesmo. Estou tentando colocar os pés no chão nos relacionamentos." N. T.

"A única coisa que me incomoda é ter de encontrá-la. Sinto que agora tenho de aprender a colocar limites em tudo na minha vida." G. S.

"Ela era muito egoísta e me tratava mal; todos apontavam isso. Tenho raiva dela e me senti usado. Começo a ver que não é o que eu quero." M. T.

O homem em qualquer idade

Como eu disse no início, essa classificação não pretende se reduzir a rótulos. Nem todo homem jovem age como descrito aqui, assim como um maduro pode se mostrar estacionado emocionalmente em sua infância. Para entender os homens, é preciso ir além, observar com mais cuidado cada uma de suas falas, depoimentos, não deixar passar nada despercebido. Nesses anos todos de trabalho psicoterapêutico com eles, percebi que a sociedade construiu um verdadeiro mito sobre o masculino: a ideia de que os homens não falam. Eles falam, sim, e muito! Aliás, gostariam de falar ainda mais, porém nem sempre são ouvidos. E foi recebendo essas declarações que cheguei a duas constatações muito significativas sobre eles, não importa a idade que tenham.

A primeira é que todo homem quer sentir o poder de conquistar. Isso vale para pessoas e coisas, serve para manter tanto o que já está ao seu alcance quanto aquilo que parece inatingível. Nesse caso, pensam em estratagemas que poriam em prática para chegar lá, mesmo que tudo não passe de uma aventura totalmente descabida na realidade, só cabendo no seu mundo interior – nos recônditos de suas pastas secretas e seguramente criptografadas. Quando começam a se sentir engessados, por exemplo, profissionalmente, distantes de sua capacidade criativa e de qualquer perspectiva que valha a pena, tendem a apresentar vários sintomas psíquicos. Nesse momento, tudo o que precisam é sair da rota pré-traçada (ainda que eles mesmos a tenham traçado) e conquistar a chance de seguir um novo caminho.

Quando levo homens para um trabalho ao ar livre, peço-lhes que percebam os sons, as cores, a brisa, os aromas. Nesse cenário, eles se reconectam com o instinto aventureiro. Do latim *ad venture*, a palavra *aventura* significa “o que vem pela frente" e é sinônimo de homem. Participar de uma atividade de aventura significa estar disposto para o que vier. Isso não quer dizer que eles não desejem estabilidade, segurança e um futuro sólido. Mesmo com tudo isso conquistado, eles sempre estarão dispostos a percorrer um novo caminho, enquanto a vitalidade permitir. Isso está relacionado à sensação de masculinidade que experimentam quando estão nessas situações.

A Lei de Yerkes-Dodson, que mede a performance entre eficiência *versus* estresse e ansiedade explica de forma científica o que acontece com os homens quando são expostos a estímulos mais ou menos desse tipo.

Numa curva em U, percebe-se que o desejo de conquistar promove o aprendizado de um novo que é muito importante para eles. Tanto a baixa como a alta ansiedade interferem nisso, e não é a toa que homens sem muita energia tendem à repetição e os agitados demais se mostram pouco produtivos. Resumindo: quanto maior o nível de excitação psicológica e mental, melhor será a performance; até certo ponto, naturalmente. Se o nível de excitação torna-se muito alto, a performance diminui.

Desenvolvida em 1908 pelos psicólogos norte-americanos Robert M. Yerkes e J. S. Dodson, essa lei não é válida só para os homens. Todo mundo está sujeita a ela. É essa curva que explica, por exemplo, por que algumas tarefas mais difíceis, que demandam trabalho intelectual, pedem um nível menor de excitação, a fim de facilitar a concentração, e outras, que precisam de maior resistência ou persistência, acabam demandando um nível maior de excitação, capaz de motivar.

A segunda constatação que não posso deixar de revelar aqui é que os homens tendem a procrastinar o momento de se posicionar claramente, por exemplo, colocando um ponto final numa etapa afetiva e partindo para a outra. À primeira vista, essa segunda constatação poderia bater de frente com a primeira, mas o buraco é mais embaixo. Esse tipo de procrastinação não necessariamente os priva de novas experiências. É apenas uma questão de posicionamento. As mulheres, ao contrário, têm uma necessidade muito grande de entender cada detalhe de um processo, mastigar bem cada descoberta, para então operar determinada mudança e assumi-la, definindo exatamente onde terminou uma etapa e onde começou outra. Com os homens não funciona assim. Literalmente, eles tendem a levar tudo meio embolado. Podem procrastinar eternamente ou fazer isso em fases, onde relevam muita coisa, intimidam-se em mudar, medem as consequências e aparentemente se adaptam, mas acabam postergando a mudança e o seu posicionamento em relação a ela. Se chegam à terapia, por mais que inicialmente se sintam muito incomodados, com o tempo percebem a lambança que andaram fazendo e, devagar, começam a refletir sobre o mal que causaram a si mesmos. Guardadas as devidas proporções, isso pode ser detectado em qualquer fase da vida – desde o jovem que se casa, mas não se liberta da figura materna como provedora e cuidadora, até o cinquentão que mantém mulher e amante há décadas, mesmo quando o casamento já chegou ao fim.

Fator estado civil

Nessa categoria, podem-se elencar diversos tipos, com as mais diferentes variações. Mas, para que se possa fazer uma análise geral, costumo reuni-los nos seguintes perfis: solteiros, solteirões, noivos, casados, recém-casados, casados pela enésima vez, divorciados e viúvos.

Os solteiros

Nesse perfil, além dos solteiros comuns que estão por aí, seja querendo um relacionamento avulso, seja algo mais estável (vai depender da idade, da fase da vida etc.), é comum encontrar aquele homem que se isola e costuma se afastar de relacionamentos afetivos. São tantos os motivos ligados a esse tipo de comportamento que seria enfadonho tratar deles aqui, mas, em resumo, quase sempre têm origem em traumas adquiridos na infância ou na adolescência. Com o tempo, esses traumas transformam-se em uma dura carapaça, difícil de romper e extremamente limitadora.

Nesse cenário, encontrar uma mulher que o complemente exige uma boa retaguarda, com apoio constante e maciço, para que ele não se esconda novamente dentro do casco na primeira investida frustrada.

Quando chegam à terapia, esses homens-tartaruga vão aos poucos experimentando um novo momento de segurança, que lhes permite a liberdade de reescrever outra história de si mesmos.

Retrato de um solteiro-tartaruga

"Enfiou na cabeça que sempre foi incompetente. Sofreu *bullying* na sexta série, situação que o irrita. Desde a sétima, começou a se fechar em uma caixa. Quando fez 30, passou a se sentir muito pior. Sempre antissocial, teve dificuldade com situações de exposição e as evitou. Nesse tipo de situação, começa a se sentir desinteressante, a boca fica seca, o suor escorre pelas mãos, parece que "entra uma pedra na garganta", os olhos pesam... e começa a se irritar." M.A.

Solteirões

São aqueles que sempre estarão na corda bamba, com risco de serem tachados pelas mulheres de homossexuais. Só se sentirão livres para viver dessa forma, se conseguirem aplacar essa conotação desfilando regularmente com uma mulher aqui, outra ali. Alguns, mais preocupados, investem logo numa sequência intensa de casos. O fato é que a sociedade feminina não aceita que esse homem seja plenamente realizado sem formar um vínculo amoroso mais duradouro. Os solteirões estão, assim, sempre na berlinda, com a plateia só esperando a hora de atirar o arroz nos noivos.

Nessa categoria também aparecem os solitários amantes de mulheres casadas, onde o vínculo precisa ser oculto e ele é obrigado a vivê-lo somente na intimidade. Ninguém o vê com nenhuma mulher e parece excêntrico, mas guarda segredos em sua ética para não expor a amada.

É bom lembrar que ter amante é muito diferente de ser amante. Quando se tem amante, o outro não é você. Quando se é amante, o outro é você. A diferença afetiva é muito simples: o outro sempre pode se sentir abandonado e solitário.

Noivos

Nessa turma estão tanto os que fazem isso de maneira inconsciente, só para seguir um ritual, quanto aqueles que realmente precisam desse tempo para se organizarem perante a iminente e amedrontadora perda da liberdade que o casamento anuncia. Alguns fazem comemorações que dão água na boca para grandes casamentos. É uma festa de arromba!

Muito se jogam nessa etapa e a experimentam como um choque de realidade, uma janela para o casamento. Não raro, começam a surgir efetivamente os temas de discórdia, deixando expostas as diferenças do casal. A partir daí, estabelecem-se os limites e podem surgir comportamentos conflitantes, que vão indicar, muitas vezes, uma mudança de rota. Nessa fase, papos sobre divisão de bens familiares e herança podem levantar muita poeira. Haja terapia!

Casados

Aqui, vale a pena dividi-los em outras duas categorias: com e sem filhos.

Quando têm filhos, podem seguir três caminhos: os que conseguem conciliar filhos e vivenciar o casamento e a paternidade de forma plena; os que têm de batalhar para isso – podendo ou não chegar ao grau pleno –; e os que são expulsos da relação com os filhos pela mãe (mulher), de maneira direta ou indireta. Nesse caso, guardam dores muitas vezes mudas, bem disfarçadas, da sensação de abandono ou de rejeição desses filhos.

Quando o homem não tem filhos, está mais livre para se arriscar em seus projetos e tem com a esposa uma relação mais exclusiva. Como casal, podem desenvolver com mais facilidade a relação homem-mulher, sem a interferência de outras obrigações. Quando os filhos chegam, não é tão incomum encontrar homens que se ressentem da perda dessa exclusividade; alguns, com características mais egoístas, podem até desenvolver sintomas psiquiátricos. Ciúme e abandono os invadem.

Ao falar de homens casados, principalmente daqueles com filhos, não se pode deixar de abordar a relação entre a vida familiar, a social e/ou a profissional, ou melhor, a forma como eles se dividem entre essas várias áreas.

Quando lhes peço que se avaliem, desenhem numa pizza as diversas áreas e as separem, distribuindo-as em termos proporcionais, a vida profissional é sempre mais importante e ocupa mais espaço na vida deles, principalmente quando comparado à da mulher. Se você observar os gráficos, vai perceber ainda outro dado interessante: na opinião dele, a mãe ocupava-se muito mais da família que a esposa se ocupa atualmente e, ao mesmo tempo, tinha um menor desenvolvimento profissional. Vários conflitos conjugais podem advir da expectativa dele de construir a vida familiar no que diz respeito ao cuidado doméstico e ao acompanhamento da prole com base em valores de sua casa de origem, segundo a atitude da própria mãe.

Paciente O.

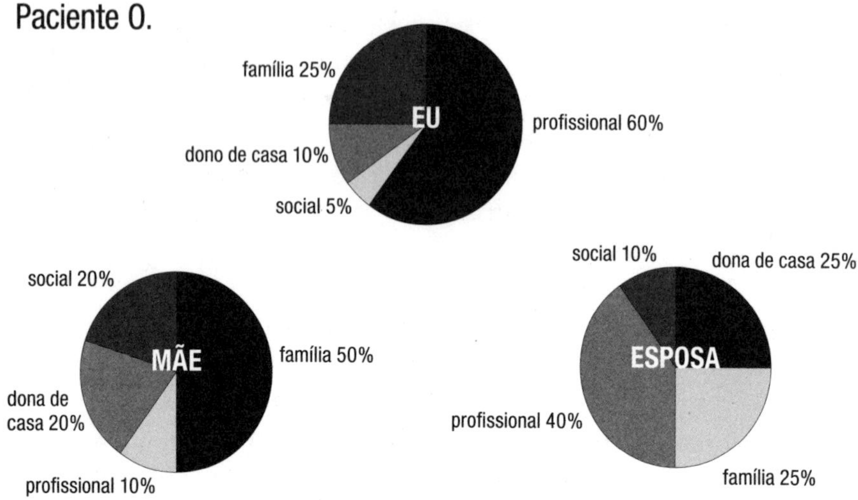

Paciente J.M.

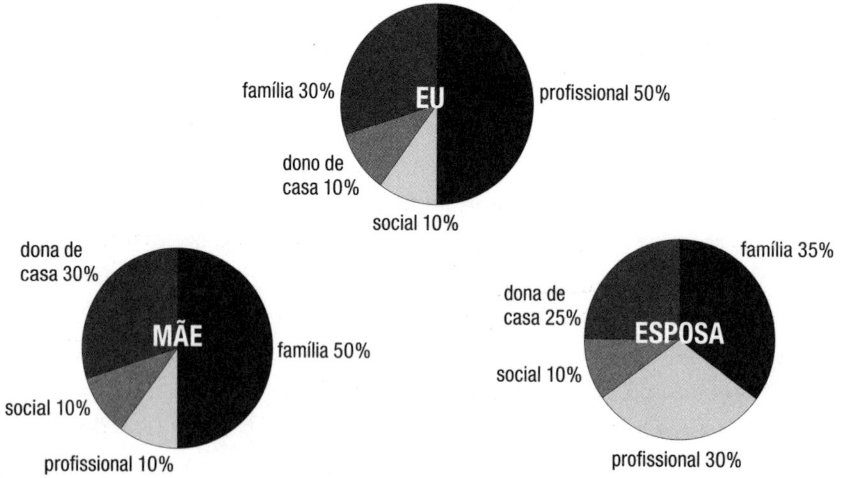

Recém-casados

De modo geral, estão na etapa da transição e não se diferenciam emocionalmente dos solteiros. Hoje em dia, quando se casam, eles já saíram da casa dos pais ou alcançaram total independência financeira em relação a eles. A vida, portanto, não muda muito, e o novo status civil nada mais é do que a sequência do namoro. Às vezes, ainda precisam fechar as contas de alguns casos amorosos, para, aos poucos, migrar para uma relação única com a esposa, estabelecendo uma identidade comum de casado.

Casados pela enésima vez

Homens com essa característica são de uma plasticidade tão latente que conseguem enxergar a vida como um grande campo em construção, em que sempre há oportunidade de viver uma nova história, tão completa quanto a anterior. É importante lembrar que estamos falando de casamentos, não de simples casos amorosos. Daí a palavra "completa"; afinal, quando se passa por vários relacionamentos duradouros, já se tem, em geral, maturidade para perceber "a dor e a delícia" de cada um. São homens curiosos, que adoram essa aventura de construir um relacionamento profundo com uma mulher e podem ser inesquecíveis companheiros para suas mulheres.

Divorciados

Aqui cabe um livro inteiro, e talvez fosse pouco para discutir a frustrante falência da família e a riqueza do aprendizado de novos papéis.

Os divorciados são bem mais independentes que os casados e se descobrem capazes de tarefas que nunca imaginaram realizar.

Certa vez, uma paciente me disse que não se via se separando, pois era ela quem cuidava de tudo do marido. Quando pedi que falasse mais sobre isso, ela me contou que ele tinha algumas exigências em relação às camisas que usava para trabalhar. Se não estivessem muito bem-passadas, não saía de casa. Investiguei mais questionando se ele tinha, na opinião dela, alguma grande deficiência motora que o impedia de aprender a alisar a própria camisa, e ela me respondeu que simplesmente não imaginava um homem fazendo isso. Quando romperam, ele se virou muito bem.

Quando os homens se separam e passam a perceber que não são mais casados, nem têm limitações físicas, acabam assumindo tarefas que, como disse a minha paciente, nem as mulheres conseguiriam imaginar que eles fossem capazes de fazer. Alguns suportam pouco tempo sozinhos e logo se envolvem compromissadamente. Outros aproveitam para se descobrir e rever todas as eleições possíveis que fizeram, preparando-se para as próximas de maneira mais consciente que antes.

Viúvos

Normalmente, a lembrança da ex-mulher não chega a nocautear sua vida. Se tem filhos para cuidar, há um bom alvo afetivo ao qual se dedicar. Se não os tem, ou os filhos já não demandam tantos cuidados, logo se veem amparados pelas facilidades e oportunidades sociais, que lhes permitem arriscar novas relações. A maioria não passará a vida sozinho.

Fator comportamento repetitivo

É muito difícil classificar os tipos de homem segundo seu comportamento, e o motivo é óbvio: o comportamento de uma pessoa é algo bastante complexo e variável. Está relacionado a uma conjunção de outros fatores, como personalidade e meio social. Por isso, essa categoria reúne alguns tipos de comportamento que podem caracterizar uma pessoa à primeira vista, de acordo com um traço marcante, por exemplo, a timidez ou a agressividade.

O tímido e o introvertido

À primeira vista, parecem sinônimos, mas não são. A timidez masculina pode ser tão camuflada que a performance profissional e o sucesso econômico não se dão conta de que ela exista. Muitos homens tímidos falam bastante, expressam-se com desenvoltura e mostram-se tão seguros que só quem os conhece na intimidade pode chegar a conhecer esse seu traço de personalidade.

O introvertido, ao contrário, costuma afastar-se do convívio, procura ser a própria companhia e, não raro, encontra um meio de ocupar todos os espaços onde possa ficar mais quieto com suas reflexões. Costuma sofrer se intimado a se expor, mas muitas vezes não tem o que compartilhar, pois prefere guardar para si suas experiências.

Relato de um paciente introvertido

Ele não se acha legal, agradável. Em um aniversário, sente-se desconfortável e não arrisca a exposição. Hoje, suas relações mais fáceis são com a mãe, o sócio, o sócio anterior e uma colega antiga, praticamente só pessoas da esfera profissional. Da esfera social, apenas familiares próximos e amigos de infância. Não vai a situações em que sabe que vai ter de se expor a estranhos. No prédio em que mora há 20 anos, não se relaciona com ninguém e nunca teve amizades. Sente medo de ser alvo de humilhação e, por isso, tem uma postura muito crítica nas empresas em que trabalha. Passa a ter muitas limitações e argumentos que parece usar como desculpa para não se expor. Isso afeta tanto a área afetiva como a profissional.

O extrovertido

Em geral, aproveita o que se apresenta e se expande com facilidade. Se é mais sensível, ajuda os que têm dificuldade de contato e convívio, mas é muito comum que passem por cima disso e nem se deem conta de que existam pessoas com esse tipo de embaraço, exagerando na sua destreza para transitar socialmente. Os homens extrovertidos costumam ser aqueles que relaxam ambientes tensos e aliviam situações beligerantes com facilidade.

Não raro são vistos como superficiais por pessoas mais reflexivas, principalmente as mais tímidas, que tendem a buscar mais profundamente conceitos ligados à vida emocional. As mulheres, mais emotivas, também podem confundir um homem extrovertido com um galinha.

O agressivo

É o famoso mal-humorado. Tudo o irrita: o meio, o outro, a própria sombra. É o jeito que ele encontra para demonstrar as próprias frustrações.

Quando não procuram ajuda, podem passar a vida em desequilíbrio, procurando algo ou alguém como alvo para extravasar toda a sua insatisfação, muitas vezes ligada à própria identidade como homem. A falta da confirmação do masculino leva, muitas vezes, à agressividade que, por sua vez, gera a rejeição de quem é agredido, estabelecendo um círculo vicioso. Para rompê-lo, o agressivo precisa reconectar-se com sua identidade masculina, às vezes para refazer as questões relacionadas ao machismo e à necessidade de agredir para sentir-se homem. O jeito mais fácil é buscar ajuda terapêutica.

O tipo amigo

Homens equilibrados podem estar nesse rol, onde conseguem discernir claramente os relacionamentos que não serão erotizados daqueles que poderão se tornar relações homem--mulher.

Várias vezes estive em discussões na mídia a respeito do tema "É possível um homem ser amigo de uma mulher?". Na maioria da vezes, eram as mulheres que queriam saber.

É claro que, num primeiro momento de interesse, os homens podem usar o viés de amigo para tentar engatar uma relação amorosa com determinada mulher. Mas isso, se é essa a intenção, tem tempo de validade. Se a situação afetiva não se concretiza, eles simplesmente dão meia-volta e vão embora. Se ficam, é porque realmente querem estabelecer um vínculo de amizade e torcem fervorosamente para que não sejam mal--interpretados.

O que acontece muito é o contrário. Algumas mulheres distorcem certas relações de amizade, apaixonam-se e criam uma bela saia justa para o outro que, na condição de amigo mesmo, se vê obrigado a lançar mão de um repertório enorme para tentar reverter o quadro romântico dela e manter a amizade. É muito comum encontrar homens assediados por amigas, e, por se tratar de um assunto melindroso, fala-se pouco a respeito.

Os homens por eles mesmos...

Quando pedi aos homens do Gender Group® do Instituto de Psiquiatria do Hospital das Clínicas da Faculdade de Medicina da Universidade de São Paulo que resumissem numa breve frase "O que é ser homem?", coletei inúmeros depoimentos profundos e instigantes. Veja alguns a seguir.

É ter coragem de olhar para si mesmo e encarar-se em um nível franco e o mais realista possível.

Reconhecer as próprias fraquezas e dificuldades, admitir que é imperfeito e que sente medo.

É chorar e chorar mesmo, não se abandonar afogando-se nas mágoas engolidas em seco, ou a custa de cerveja, mulheres e fugas.

É permitir-se entender que tem sensibilidade, que se emociona, chora no cinema, quando perde uma pessoa querida, ou se contagia e se condói dos problemas de outras pessoas.

É saber o que é que emociona, como funciona e lidar com as emoções.

É dizer (quando sentir) em alto e bom som um legítimo "Eu te amo" para quem merece.

É batalhar para ter uma amiga, amiga mesmo, mulher.

É olhar para a mulher e não pensar só em sexo.

É admitir que também tem vaidade e que isso também é saudável, com limites, é claro.

É conseguir falar besteiras meio irresponsavelmente também.

É poder fazer algumas fofocas, sem comprometer ninguém, sem se achar babaca.

É reconhecer as qualidades de uma chefe mulher, e não só pensar que ela deu para alguém para chegar lá, ainda que isso exista.

É se negar e resistir a transar com mulher de amigo.

É ser chefe de mulher sem atacar gratuitamente.

É ter relacionamento com os filhos jogando luz nos preconceitos, na ignorância que os diminui.

É aprender a fazer carinho na pessoa de quem se gosta.

É se preocupar com o prazer da mulher com quem se transa.

Transar com mais limpeza do que simplesmente pela afirmação de ser homem, macho, ou seja, ter coragem de se recusar a transar só por transar.

É batalhar para que os valores humanos e humanitários estejam acima dos valores materiais.

É batalhar pela paz nestes tempos bicudos, endemoniados, ensandecidos.

É batalhar pelas artes como vias de expressão dos mais altos valores humanos.

É contribuir para que os filhos e cidadãos julguem e votem o mais esclarecidamente possível.

É marcar uma postura como pessoa, de opinião, que observa sempre mais de um lado das questões, nos julgamentos que faça.

É atuar com os filhos e as outras pessoas para que se revelem muitas das questões interesseiras, de mídias e empresas, do sistema econômico que as sustenta.

É atuar para a valorização e a consolidação dos valores democráticos no mundo, com liberdade de credo, política e religião, menos as crenças e religiões retrógradas.

Fator placa-mãe

Nos computadores, a placa-mãe (*mother board*) é umas peças mais importantes. Ela está na base das conexões e tem relação com todos os componentes da máquina. Sem a placa-mãe, o computador não nasce e, mesmo quando ele já sabe se virar sozinho, lá está ela, para um tilt aqui, outro ali... Alguma coisa lhe parece familiar?

Exatamente. A placa-mãe de um homem é a (atual ou futura) sogra da mulher dele. É claro que ela não fez o sujeito sozinha, mas certamente foi o primeiro modelo feminino que ele teve. E isso terá uma importância fundamental no tipo de homem em que se transformará, principalmente no diz respeito ao trato com as mulheres.

Não é difícil detectar graves problemas de placa-mãe. Às vezes, a máquina não liga, demora para conectar, começa a pregar peças... parece até que foi infectada por um vírus. De vez em quando, a recuperação é impossível, e lá se vai aquele HD. Nem o melhor técnico, ou terapeuta, será capaz de restaurá-lo.

Com os homens é a mesma coisa. Quando não vêm de uma boa fabricação – e não se está falando aqui de nível socioeconômico, cultural ou familiar, mas de valores morais, éticos, psicoemocionais –, não adianta fazer *upgrade* nem instalar programas incompatíveis com a máquina: é um problema de placa-mãe, *motherboard* – não necessariamente da mãe em si, mas do vínculo que ela estabelece com o filho. Numa das dinâmicas que realizei com os pacientes do Gender Group®, pude observar a força desse vínculo. Perguntados sobre os vínculos mais importantes para eles, as palavras *mãe*, *filhos* e *filhas* predominaram em todos os depoimentos – uma mostra de que essa relação não termina com o rompimento do cordão umbilical; ao contrário, quando esse cordão se rompe, mães e filhos se tornam paradoxalmente – e às vezes complicadamente – mais unidos.

As mães – e também os pais! – que me perdoem, mas, muitas vezes, são elas que vão incutir na cabeça dos garotos grandes bobagens acerca do masculino e do feminino, bobagens que um dia darão um belo nó na cabeça dele e, por que não, de outras mulheres. A seguir, você vai entender de que forma algumas situações, ligadas à figura materna ou à criação como um todo, contribuem para a estrutura psicológica dos homens.

Filho único

Está em constante débito com os pais por ser a razão de viver deles, fruto único daquele casamento e, por conseguinte, carrega a culpa de ter de deixá-los para seguir vida própria. Não tem com quem dividi-la e muitas vezes espera que a mulher cumpra esse papel e dê uma mãozinha para que fique um pouco mais leve esse compromisso. Dependendo de como a coisa é conduzida, a mulher herda um fardo que pode transformá-la numa espécie de irmã caçula do sujeito, com total apoio – e muitos aplausos – principalmente da sogra, que prefere uma segunda filha, sob suas ordens, a uma nora, pronta para levar o xodó dela. Se não for assim, a guerra estará declarada: entre as duas mulheres, e também dentro dele, que vai precisar de recursos excepcionais para acalmar os ânimos, tal como a própria culpa por não poder jamais satisfazê-las.

A MÃE E A SOGRA: JOGOS PERIGOSOS

Não adianta falar mal dela e só mostrar seus defeitos. É quem o criou e o preparou para ser esse companheiro em que se tornou agora. A quem quiser viver sem ela, a porta é serventia da casa. O homem, no caso, pode até aceitar que a mulher a trucide, mas não deixará isso barato: mais tarde, ele dará o troco de algum jeito, mesmo que de forma paradoxal ou desconexa. Afinal, a mãe é o seu referencial; muitas vezes, é para ela que ele contará que não aguenta mais a mulher que tem. E não preciso dizer que é de quem ouvirá as "verdades" sobre a mulher que tem. Ela a está avaliando a todo momento e não terá dúvidas em ficar do lado dele em qualquer desavença do casal. "Sua mulher é uma folgada", "Você não vê que ela bebe muito", "Ela não está nem aí com as crianças. Joga tudo em cima de você e não quer saber quanto você trabalhou". Quando não termina em "Ela não te merece".

Nem adianta tentar ser solidária para deixá-lo contente, mostrando que também está falando mal da mãe como ele fala. Ele pode fazer isso, mas se você o fizer, ficará ressentido. Em muitos casos, ele pode estar desfazendo da mãe com uma queixa e querer que a mulher simplesmente o oriente a aguentá-la e não que o ajude a destruí-la. Às vezes, ele compreende que deve se afastar um pouco da mãe e acaba usando a esposa para ajudá-lo nisso, até para tê-la como intermediária ou substituta dele. Não quer, por exemplo, ouvir o blá-blá-blá da mãe e usa a mulher como pombo-correio, escudo. Diz-se que mãe é uma só, e é demais, já basta!

Nesse triângulo – sogra, filho e nora –, há muitos jogos embutidos, aos quais você não terá acesso. É uma história antiga e não adianta dar palpites e fazer comentários críticos; por mais adequados e consistentes que sejam, nunca terão o efeito de uma boa terapia – que ele deverá fazer, se quiser investigar mais isso.

Sempre digo que, quando a esposa decide ser a terapeuta do marido, ela perde algo que é muito importante para ele: uma mulher para ele se enxergar como homem.

Filhos de casamentos estáveis

Normalmente, filhos de casamentos estáveis são mais seguros e tendem a praticar o diálogo. Isso lhes permite desenvolver ao longo da vida uma extensa zona de manobra emocional. Quando alguma coisa vai mal, eles têm condições psíquicas para mudar de rota sem grandes dramas. Por outro lado, não têm experiência pessoal em catástrofes conjugais e podem se mostrar despreparados para lidar com a situação quando se veem diante de algo desse tipo.

Filhos de pais separados

Dependendo do que passaram nessa separação, terão marcas indeléveis. Não importa se a separação foi amistosa, e cada um seguiu seu caminho, construindo inclusive novas relações, ou se o que se desenrolou foi uma espécie de Terceira Guerra Mundial, sobrando para os filhos o equilíbrio dos pratos, mesmo depois do cessar-fogo. Nessas situações, muitos filhos são obrigados a abandonar um dos lados e jogar no outro time. A culpa, a mágoa e outros sentimentos que permeiam momentos desse tipo vão levar a um gasto afetivo muito importante, que se refletirá, sem dúvida, nos relacionamentos futuros. Podem se tornar complacentes em excesso, para não provocar discussões, ou se manter de prontidão, a fim de evitar traumas pelos quais já passaram.

Filhos órfãos de pai

Estar só com a mãe, sem ter tido um pai visível, dá à criança uma visão de mundo apenas do ponto de vista feminino. Vale a mesma coisa para os órfãos de pai vivo, que também terão essa interferência e estarão minados por frustrações maternas que vão interferir em seus projetos de vida, inclusive na relação com outras mulheres. Mães esclarecidas e maduras podem oferecer a esse filho uma visão mais ampla, tornando o mundo masculino mais positivo para ele, o que o ajudará a construir uma identidade mais saudável e consonante com seu gênero.

Retrato de um órfão de pai vivo

"A presença de meu pai na minha infância foi e é algo que me marcou muito.

Gostaria que ele fosse na infância o que foi comigo aos 27 anos: *um amigo*.

Talvez a liberdade que tivemos agora como adultos tivesse me ajudado muito mais na infância, na formação de caráter, e eu teria aprendido com muito mais facilidade a distinguir o certo do errado, coisas que aprendi por mim mesmo."

Para que serve a máquina, segundo a máquina

As mulheres vivem querendo saber o que os homens pensam, como pensam e por que pensam. Se pudessem se transformar em uma mosquinha e bisbilhotar o que eles dizem na terapia, então, aí sim, tudo estaria resolvido... Ledo engano. De modo geral, as mulheres gostariam que eles dissessem aquilo que elas gostariam de ouvir. Mas não é bem isso o que acontece.

Hércules derrotado

Um dos eixos do meu trabalho com os homens é fazer com que entendam a si mesmos por meio do papel que exercem, seja na vida como um todo, seja especificamente nos relacionamentos afetivos.

Para isso, criei uma abordagem psicoterapêutica em grupo. Se, por um lado, a terapia em grupo inicialmente se apresenta como um obstáculo, pois eles se sentem mais expostos, por outro os ajuda a refletir em conjunto, buscando cada um a sua essência e revelando-a para os outros.

Nessa abordagem, descobri que os homens se veem masculinos em diversos papéis na vida, mas os que mais predominam são o de profissionais e de filhos. Pai e marido vêm em seguida, ao lado do provedor, ou melhor, do pagador de contas – papel que por si só traz insatisfações e sentimentos de desvalorização. Nessa seara, os homens se veem indecisos, lidando com a sensação de serem, ao mesmo tempo, fortes e fracos – uma espécie de Hércules que nunca executa os doze trabalhos.

De James Bond a Robin Wood

Em outra abordagem psicoterapêutica que uso para lidar com as questões de gênero, crio um contexto para que eles se vejam como personagem de um filme, de uma história conhecida, e ajam como tal. Para isso são feitos vários exercícios psicodramáticos a fim de prepará-los para que vivenciem internamente essa sensação, olhando, andando, posicionando-se inclusive fisicamente, até que incorporem de verdade o papel da figura escolhida. Vários personagens têm surgido nessa experiência ao longo de vários anos de trabalho, mostrando claramente o que se passa no imaginário masculino. Veja alguns exemplos no quadro a seguir.

O IMAGINÁRIO MASCULINO

R. D. e James Bond

R. D. se vê como James Bond, o famoso agente secreto. Sente-se poderoso, com aquele *status* que lhe permite ser, estar e agir como bem entender, sempre bem-vestido e rodeado de mulheres. Diz que o ruim é ter de enfrentar uma situação difícil, *andar armado e disparar tiros.* Fascina-lhe o desejo da aventura, do *não saber o que vai acontecer.*

Quando constata essas necessidades, fala em reconstrução.

"Quero resgatar o homem que sou? Que ponto quero resgatar? É com a *vontade de liberdade que vivo isso até hoje.* Não tinha medo, tinha coragem. Estou passivo nas circunstâncias. Vivi a fantasia do 007", identificando-se com o agente. "Em que me tornei? Fui como uma árvore sem podar. Falando para mim mesmo: 'Você tem essa possibilidade e dons. Basta resgatá-los: a simpatia, a elegância, o bem-vestido'. Tenho possibilidade de chegar perto e ser como ele. *Desafio é trabalhar essa agressividade.*"

S. T. e Robin Wood

S. T. se vê como Robin Wood. Veio resgatar o lado do S. T. perdido... Aquele que rouba dos ricos e dá aos pobres. Achava a divisão injusta, tinha um lado filosófico. Ideia adolescente de querer salvar o mundo. [...] "Ensinar a pescar, mas às vezes também dar o peixe."

Esta sessão serve para que ele veja a si mesmo, independentemente de outras relações. É a forma dele de se expressar. S. T. tinha uma situação que usufruía da empresa, tinha negócios que fazia com "pessoas da floresta", em que valorizava o fato do quanto podia fazer pelos outros. "O que me dói hoje é que quero voltar e vai ser difícil ser Robin e não tem como não sê-lo. Era feliz em sê-lo."

S. T. tinha uma situação profissional que lhe dava condições de se sentir poderoso por meio do trabalho. Foi despedido e encontra dificuldade para recuperar a carreira. "Me sentia numa condição social de melhorar a vida das pessoas. Mas atropelei tudo. As pessoas até hoje me agradecem. Não tinha medo." "*Delícia sentir isso!*", mas também concluí: "Paternalista do qual quero me libertar".

As travas masculinas

Ao observar as dificuldades masculinas em relação ao papel que exercem, percebi que algumas se repetiam. Depois de muitos depoimentos, cheguei à seguinte lista de sentimentos que paralisam os homens:

- Inércia: impede a mudança de atitude. É o caso de O., um dos homens que diz saber como precisa ser em seu papel de esposo, mas não consegue mudar.
- Medo: mina a coragem e o atrevimento. É o caso de P., que diz ter dificuldade em demonstrar sua agressividade positiva, mas percebe que isso é, muitas vezes, necessário. O proble-

ma é que romper a barreira do medo requer o contato com as emoções.

• VERGONHA: impede a demonstração de afeto e a recepção de afeto. É o caso de R., que, no papel de filho, tem dificuldade de receber o afeto da mãe e de demonstrar o seu.

• SUBMISSÃO: aniquila a capacidade de agir segundo a própria experiência de vida, levando à imitação e à limitação de uma cartilha pronta sobre tudo. É o caso de M., que se diz "burro", por não conseguir usar o conhecimento que tem da vida.

• INSEGURANÇA: é o sentimento que impede o desenrolar da vida, obstruindo metas e sonhos. Não se vê pronto, nem tendo aprendido o suficiente; é o que relata M.

• FRAGILIDADE: eles falam da fragilidade emocional. Segundo D., a grande trava é se sentir exposto demais, o que o leva a não ver com bons olhos as emoções. Todo mundo vai perceber.

• INDIFERENÇA: é o sentimento que rege a falta de perspectiva, sem confiar no seu poder de conquista, o "viver um dia após o outro, sem planejamentos, nem metas", como relata J.R.

• TEIMOSIA: provoca o distanciamento em relação ao outro. "Eu sei, eu faço do meu jeito, deixa que eu faço". Conforme relata L., é a teimosia que o sobrecarrega no trabalho, por exemplo.

Paralisados por esses sentimentos, os homens desenvolvem inúmeras artimanhas para fugir das situações que os põe em cheque na sua essência como tal. É nesse contexto que nascem as mentiras mais contadas por eles, tanto aquelas que contam para si mesmos quanto as que contam para você.

AS MENTIRAS QUE ELES ADORAM CONTAR

Para si mesmos:

Estou no caminho certo para ser feliz. Não me falta nada.

Tenho todo o dinheiro de que preciso, está bom assim.

Eu não queria ter uma vida sexual melhor do que a que tenho.

Estou cheio de amigos a quem confio meus medos sem vergonha, não escondo nada.

Não me arrependo da minha vida profissional, nem da familiar que criei.

Para as mulheres:

Nunca amei ninguém mais que você.

Você sabe tudo da minha vida.

Estou profundamente arrependido de tê-la traído.

Você nunca erra, sempre vou escutá-la sobre o que fazer no meu trabalho.

Nunca pensei em traí-la.

O jogo dos cubos de encaixe

Sabe aqueles cubos de diversos tamanhos que se encaixam uns nos outros, do maior ao menor? É mais ou menos com esse conceito que trabalho numa das dinâmicas de grupo que criei para investigar os conflitos masculinos.

Nessa dinâmica, cada paciente parte do macro em direção ao micro, num percurso rumo à interiorização reveladora.

R., por exemplo, era um menino franzino, que usava óculos desde que se conhecia por gente. Na escola, costumava ser rechaçado pelos outros meninos, os populares ou "fortões" da escola. Começou aí a internalizar um sentimento de inferioridade e a cobrar de si mesmo a perfeição em tudo o que fazia, para compensar o garoto frágil e míope... O complexo de inferioridade e a sensação de não saber quem é incutem nele a culpa e a dúvida, inclusive em relação à própria sexualidade. Na dinâmica, R. começa falando da falta de coragem para resgatar o complexo de inferioridade e, em seguida, a falta de conhecimento sobre si mesmo. Ao final, conclui, falando para si mesmo: "Posso modificar a vergonha ou a inferioridade. Não é DNA. 'Você não é assim! Você está assim!'".

Outro paciente, P., é um homem bem-sucedido e socialmente desenvolto. No fundo, porém, luta contra um enorme sentimento de insignificância. Na dinâmica, começa falando da falta de coragem para não falar da própria fragilidade. Considera impossível afirmar que se sente fraco emocionalmente no meio social, mas percebe que outros compartilham sentimentos semelhantes. Ao admitir sua fraqueza, toca em um tema que é tabu. Aí, sente-se finalmente bem, fortalecido.

M. se privou do amor. Na dinâmica dos cubos, começa a dizer que simplesmente o amor não aconteceu na vida dele. Depois, que não foi despertado por nenhuma mulher que encontrou. Mas, ao ir mais fundo, e encaixar os outros cubos, reconhece que na verdade sacrificou esse sentimento porque não sabia lidar com ele, tinha a sensação de insuficiência e que esperava tanto e tinha tão pouco para oferecer que seguiu o caminho de se fechar no trabalho.

O calabouço e o minotauro

Ao observar os homens no jogo dos cubos, percebe-se que um de seus maiores conflitos está no medo de não serem amados e na dificuldade de lidar com todos os sentimentos em que estão envolvidos. Quando não conseguem despertar o amor de outra pessoa, fecham-se em seus próprios calabouços e entregam-se a lutas diárias. Ocupados lutando, são vigiados pelo seu minotauro, grande monstro interno que não lhes permite lidar com os próprios sentimentos, incutindo-lhes, o medo do abandono e o pavor de não serem amados.

Capítulo 5
O QUE ELES QUEREM?

Há mais de vinte anos, quando publiquei meu primeiro livro sobre os homens, *Masculina/Feminina – Como o homem vê a mulher*, escrevi:

"O homem não pode se apaixonar; caso contrário, a mulher o abandona. Esses sentimentos estão reservados para as mulheres. Se a mulher descobre a vulnerabilidade masculina, não vai tolerá-la e se afastará.

No vínculo com a mulher, muitos homens só dão importância ao seu próprio desempenho, como indicam as observações daqueles com quem trabalhei recentemente:

• Homem deve guiar o sexo.

• Homem sempre quer e sempre está disposto a manter relações sexuais.

• Todo contato físico deve levar a uma relação sexual.

• Sexo é sinônimo de penetração e não há alternativas: sexo requer ereção.

• Sexo bom é aquele que se inicia na excitação e progride assim linearmente até chegar ao orgasmo.

• O sexo deve ser natural e espontâneo, e não há alternativas ou outras formas de estímulo."

Esses apontamentos revelavam imagens culturais de valentia que já não funcionavam na vida real, porque nunca foram reais. A pergunta que eu fazia então e continuo a fazer é: afinal de contas, o importante é *ser homem* ou *saber sê-lo*?

O homem hoje

Se, num passado não muito distante, os homens se preocupavam em demasia com "ser homem", atualmente já não se envergonham tanto do que sentem e têm conseguido domar, até certo ponto, o medo de revelar os próprios sentimentos, dando a devida importância às relações afetivas. Isso, claro, muito mais no divã do que na vida real.

Na prática, os homens ainda têm dificuldade de *falar* sobre tudo isso, de pôr as cartas na mesa, principalmente porque nem sempre quem está do outro lado – as mulheres – se mostra preparado para ouvi-los.

E aí eles seguem tateando... Tentam se reciclar, insistem, buscam novas formas de expressão. Às vezes, desistem; outras vezes, seguem fazendo o que sempre fizeram, ignorando a falta de compreensão delas. Nesse processo – tenso, trabalhoso e, ao mesmo tempo, muito rico, vão deixando o *ser homem* pelo autodesenvolvimento de *saber sê-lo.*

Tenho acompanhado muitos deles nessa jornada e sou testemunha de que há um universo masculino que precisa ser explorado de outras formas, sob outros vieses, uma viagem a que não só as mulheres, mas toda a sociedade precisa se permitir, a fim de romper os dogmas que ainda prejudicam pessoas e relacionamentos.

Com o intuito de dar início a essa trajetória, dediquei este último capítulo a uma temática que parece velha, mas, ao contrário, renova-se a cada dia: o que os homens querem da vida? O que eles querem das mulheres?

O que eles querem da vida?

Às vezes, deparo com mulheres que insistem em dizer que os homens andam perdidos e assustados com a independência feminina e os novos papéis assumidos por ambos os gêneros. Considero esse tipo de constatação um pouco empoeirada; afinal, já se vão aí algumas décadas... Os homens entenderam o que aconteceu. Ninguém vive tão isolado que não tenha acompanhado, ou melhor, vivido de perto essas mudanças. A questão para eles não é *se situar*, mas sim *como se situar*. Ainda inquietos, buscam espaço em uma sociedade mais esclarecida e não querem parecer um poço de dúvidas – porque já não o são.

De modo geral, a sociedade tende a achar que apenas as mulheres ganharam com essa mudança; os homens só teriam perdido. Não é assim que eles veem a situação. Eles sabem, perfeitamente, que as suas opções também se ampliaram e não querem perder a chance de se apoderarem da liberdade emocional adquirida. Hoje em dia, conhecem melhor a casa, a família e a si próprios. E tudo o que querem é pôr em prática um novo jeito de lidar com esse universo afetivo, questionando ainda a ambivalência feminina em suas demandas e paradoxos. Os homens não querem mais carregar a plaquinha de vilão.

A seguir, vamos explorar alguns antigos desejos masculinos, agora renovados.

Liberdade na *nécessaire*

A ideia de maturidade, muitas vezes, puxa o tapete da liberdade. Prega-se por aí que um sujeito maduro tem de estar apto a reprimir ou podar decisões capazes de fazê-lo sair do roteiro traçado. É preciso tomar cuidado com esse tipo de repressão.

Cada sociedade tem suas regras para determinar a passagem da infância ou da adolescência para a fase adulta, mas não necessariamente isso implica perda da liberdade. Na Nigéria, os índios rojos devem copular com um carneiro na frente dos homens mais velhos. Entre os iorubas, o jovem caçador precisava transar com o primeiro antílope que matasse.

Cada um cria a sua noção de masculinidade e espera ser aceito na sociedade em que vive. No passado, os homens foram educados para segurar, resistir e lutar, não para sentir, falar e se expressar emocionalmente. Agora, a independência pela qual sempre clamaram lhes permite alçar voo em seu desenvolvimento pessoal. Isso vale para todo mundo: preservar o lado criança ou adolescente pode abrir as portas para um mundo novo de descobertas.

Eles dizem...

"Eu faço tudo por ela. E ela depois me chama de egoísta. Deixei de fazer as minhas viagens, quando solteiro, para não deixá-la sozinha. Hoje ela me quer o tempo todo." T. C.

"A gente se sente culpado dentro do casamento ao fazer coisas de que gosta – jogar futebol, tomar chope." S. B.

No dia a dia, se os homens tivessem, como as mulheres, uma nécessaire de maquiagem, a liberdade seria o batom. Não dá pra viver sem ela. E não estou falando aqui de adolescentes ou jovens. Todos os homens, independentemente da idade, procuram cultivar a própria liberdade e têm muito medo de perdê-la.

Quando a mulher percebe a importância que o homem dá para isso, compreende que restringir a independência não é o caminho para tornar o relacionamento mais sólido. Ao contrário, pode fazê-lo virar pó.

Portanto, não se deixe levar por alardes masculinos. Uma das situações que provocam arrepios nas mulheres, principalmente as mais ciumentas, é a famosa despedida de solteiro. Para eles, no fundo, não passa de um momento especial com os amigos (ah... os amigos, esses até poderiam ocupar o lugar do pó compacto na nécessaire deles), em que, muitas vezes, têm a oportunidade de reviver momentos que não vivem mais. Na maioria das vezes, é só um encontro etílico, regado a muita bobagem, mas nem sempre de sacanagem. Vale pela fantasia.

Aliás, à medida que casam e se afastam um pouco dos amigos, tendem a ter mais dificuldades no relacionamento estável dessa amizade tão preciosa. Sabe aquela turma de amigos dele do clube para a qual você sempre torceu o nariz? Pois é. Ao contrário do que você pensa, ela pode fazer muito para o seu relacionamento. Os homens precisam dos amigos, a vida toda. São eles que os fazem se sentirem mais masculinos e os ajudam a refazer os votos de conjugalidade.

Espaço para ser

Não se trata de um espaço físico, mas de uma esfera psicoafetiva. Aos poucos, percebo que os homens estão deixando de lado suas máscaras, em um cenário onde não precisam mais se mostrar sempre fortes e inatingíveis e têm permissão para se expor bem mais do que conseguiam antes. São capazes de afirmar que dependem de um relacionamento afetivo, mesmo que as mulheres, na outra ponta, venham a considerá-los uns fracos por conta disso. No fundo, elas ainda não conseguiram assimilar esse processo e têm certa dificuldade de saber o que esperar dos homens, considerando-os muito frágeis em relação às expectativas anteriores, que os pintavam muito mais fortes do que realmente são. Por isso, eles têm tanto receio de deixar caírem essas máscaras perante as mulheres. Falta espaço psicoafetivo para isso. Afinal, eles não têm certeza de que elas vão aceitá-los diante de seus conflitos ou utilizá-los para outros fins.

Esse receio não é tão infundado. De fato, os homens têm formas variadas de interagir com a vida. Podem desejar e agir (quando impulsivos); pensar, desejar e agir (são os reflexivos); ou, menos frequentemente, agir e pensar (o que caracteriza os humildes reavaliadores). Mas todas essas formas de interação são pouco acessíveis às mulheres, pois seguem percursos tortuosos, apoiados em valores que, mesmo providos de explicações, não chegam a associações capazes de completar um raciocínio inteligível para elas. Funciona como um motor de combustão interna, onde o combustível queimado no interior do cilindro (a cabeça dele), sabe-se lá como, faz o carro andar... Dois processos tão díspares que parecem não ter qualquer relação entre si.

Um exemplo prático nesse campo é a questão cultural do beijo entre homens. Pode tanto ser desde coisa de "veado" quanto representar uma expressão de carinho no lugar do tapão nas costas ou do xingamento da mãe.

O francês beija como um cumprimento mais próximo, diferente do brasileiro, que tem afeto. Nort-americanos, ingleses e alemães não se beijam, diferentemente dos italianos, que o fazem acompanhado ou não de um abraço apertado.

São códigos locais que, no entanto, dependem da liberdade de cada um nos âmbitos interno e social. Isso é um reflexo de que há variações e mudanças no universo masculino e não se pode reduzir todos a um só, ou seja, a um estereótipo.

Sempre que se investigam questões ligadas ao funcionamento da mente masculina, fatalmente se encontram pistas para entendê-la. Quando se estuda arte, podemos analisá-la também sob dois aspectos: a mimese e o simulacro. Na primeira, a reprodução que é feita pelo artista apresenta um testemunho da realidade e baseia-se na semelhança. No caso, homens imitando uns aos outros. Já no simulacro, a representação do artista não tem uma referência nem diferenças entre verdade e mentira, realidade e ilusão. Homens sem referências de sua identidade masculina não reconhecem onde estão nem para onde vão.

Quando apegados a valores que não lhes são correspondentes, os homens tendem a mimetizar aquilo que "precisam ser" à custa de quem realmente são. E a gente sabe que quem guarda muito, reprime em demasia, hora ou outra, põe para fora desmedida e inadequadamente. O motor pifa...

Aspectos psicanalíticos à parte, na prática, os homens querem espaço para pensar, refletir, brincar e expressar-se, principalmente quando o assunto são eles mesmos.

Trabalho, poder e dinheiro

O que define o gênero masculino, não na sua forma explícita, mas na alma, são os valores que lhe são incutidos. E o trabalho é um deles, senão o mais importante. Na pré-história, o grande papel masculino era caçar, buscar a sobrevivência. No mundo de hoje, o seu mamute está nas empresas, nas fábricas, no comércio, e onde mais esse homem possa se confirmar como provedor; o guerreiro nobre veste a armadura e vai à luta: vence o dragão com a espada e salva a mocinha. A relação do homem com a profissão é quase visceral, e sempre o foi, desde que o mundo é mundo, ainda que de um jeito diferente. No passado, bastava uma cadeira, uma calculadora e a aposentadoria. O trabalho era algo encruado dentro dele. O homem na sua versão do século XXI, que não quer apenas ser homem, mas sim saber sê-lo, estabelece com o trabalho uma relação de dinamismo e vitalidade. Não basta matar um dragão por dia; tem de ser *aquele* dragão... Não é à toa que, nos últimos anos, os jovens e mesmo os mais maduros não se propõem a se tornar a extensão de uma cadeira, num escritório mal-iluminado.

Buscam novos desafios, não hesitam em aceitar propostas antes inimagináveis. O homem mudou, e a sua relação com o trabalho também. Permanece, porém, a necessidade de confirmação, ainda que o *modus operandi* seja ligeiramente diferente.

Por outro lado, há uma questão sobre a qual pouco se fala: os homens querem ser provedores, mas não *explorados*.

Antigamente, eles se mostravam generosos, tinham o suficiente para sustentá-las, e isso até servia como indicativo para que elas os escolhessem. Alguns evoluíram para a divisão das despesas, outros não toparam nem um pouco a ideia, mesmo que isso tenha significado carregar na testa a plaquinha empoeirada de “machistas”. Outros esperam que as mulheres arquem com as despesas, principalmente se percebem que precisam seguir o padrão de vida dela (vulgo, “se toquem”); nesse caso, aguardam que a generosidade seja espontânea ou se fecham para a situação, tornando a situação insatisfatória para os dois.

Ao mesmo tempo, há os que se sentem explorados por terem de pagar toda a conta do restaurante ou, o oposto, incomodados se veem obrigados a dividir as despesas com a esposa. Afinal, até pouco tempo, o papel masculino era definido como provedor. Ser homem é dar conta de tudo que esteja relacionado a isso. Hoje em dia, no entanto, esses papéis se misturaram, e em algumas famílias até se inverteram por completo. É preciso saber ser homem, lembra? Para isso, muitas vezes se faz necessária uma nova distribuição dessas responsabilidades.

Embora não seja um assunto dos mais românticos, é muito importante conversar sobre o orçamento familiar antes do casamento. Para alguns casais, falar sobre dinheiro ainda é um tabu. Cada um tem seu jeito de lidar com o dinheiro e, na dúvida se o outro vai ou não compreendê-lo, acabam os dois empurrando a coisa com a barriga.

Os homens querem participar do orçamento familiar, mas já foi a época em que eram obrigados a arcar com todos os gastos. Quando o casal compartilha o orçamento familiar, está mais apto a traçar o futuro em conjunto, reiterando laços de confiança e enriquecendo o vínculo afetivo. O dinheiro torna-se um grande aliado, e não um vilão disposto a atacar a qualquer momento, principalmente quando se fala em poder e humilhação.

Família, o cenário da autorrealização

Para muita gente, os homens só constroem família por obrigação. Isso não é verdade. Eles sonham, sim, em encontrar uma companheira, formar família, ter filhos. Podem não valorizar o pacote de forma romântica, como fazem as mulheres, mas investem no papel de provedores a fim de justamente mostrar o valor que isso tem para eles. Tanto é assim que costumam sentir enorme dificuldade de se recompor quando essa família é desfeita.

Não são poucos os pacientes que, ao vislumbrarem os 30 anos, trazem à tona o assunto" casamento", além da busca pela mulher que os complete, demonstrando claramente que se preocupam em encontrá-la para constituir sua família. Com facilidade, encontram os senões de uma e de outra, mencionando os anos futuros e a construção do ideal que querem atingir. Os mais amadurecidos já não perdem tempo e escolhem mulher com critérios muito bem trabalhados, porém nem sempre têm sucesso.

Eles dizem...

"Foram nove anos de brigas, de idas e voltas contínuas. Cansamos e nos separamos. Estou sofrendo muito, pois o sentimento de culpa por tudo o que aconteceu está me matando nesse relacionamento. Sempre coloquei em primeiro lugar meus filhos, adultos, que a detestam, e ela, por seu turno, os afasta. Dr., como faço para tirar de dentro de mim esse sentimento de culpa pela perda da mulher que amo?"

Mulheres: a maior diversão

Pode parecer paradoxal constituir família e amar muito uma mulher desejando ter outras mulheres. Mas é exatamente isso que os homens querem: uma espécie de "parque de diversões". Ainda que você tenha torcido o nariz neste momento, preciso repetir o que já disse: fidelidade não tem nada a ver com amor.

Se as mulheres conseguissem entender essa dinâmica da mente masculina, todos os conflitos entre gêneros chegariam ao fim.

E não adianta se descabelar segurando plaquinhas de combate ao machismo ou de vivas ao feminino. Não se trata de pregar a poligamia aqui. Quando o homem deseja esse parque de diversões, não está necessariamente pensando em "pular a cerca". Ele precisa se sentir admirado, desejado e um pouquinho "pegador" para reafirmar o seu masculino. Isso basta para deixá-lo seguro e trazê-lo para perto. O passeio pelo parque de diversões poderá ser apenas um passatempo sem compromisso, se a mulher perceber isso. Se ela não se der conta de que isso vale muito pouco, ele buscará essa masculinidade fora da relação, e aí, quando se dobra a esquina do pecado, acaba-se dando a volta na quadra. No fundo, ao contrário do que as mulheres pensam, eles não vão para o parque porque se sentem os bonitões do pedaço, mas sim porque querem ser a última bolacha do pacote.

Muita gente me pergunta por que os homens desistem de

mulheres que parecem muito seguras de si e certas do que querem. Na verdade, se elas forem seguras, porém amorosas (sem "melação"), eles certamente não desistirão delas. Cabe às mulheres ficarem atentas ao *timing* deles, ou seja, ao tempo de que eles necessitam para se sentirem à vontade sem serem compelidos a aceitar uma abordagem desse tipo. Quando isso acontece, eles são estimulados a se colocar de maneira mais viril na relação, o que lhes permite, de novo, ser os homens que realmente são.

O que eles querem das mulheres?

Foi-se o tempo em que eles pulavam a cerca em busca de sexo e separavam a mulher de casa da mulher da rua. Hoje em dia, os homens buscam parceiras capazes de realizá-los tanto na cama quanto fora dela. Buscam, portanto, mulheres inteligentes e interessantes, que os façam crescer como seres humanos. Prova disso é que, cada vez mais, eles estão se esforçando para também serem interessantes, dividirem histórias e vivências pessoais. O homem quer mais do que uma parceira; ele quer uma cúmplice.

Mais do que isso, os homens querem, sim, aquela mulher superfeminina, mas espera que ela se envolva e participe ativamente da relação. Costumam se sentir um pouco acuados quando encontram mulheres que abalam pilares, por exemplo, com alto poder aquisitivo, muita independência e autoestima elevada, mas isso tudo poderá arrebatá-lo, se ele encontrar espaço na relação, se sentir que pode oferecer muito em troca também.

Enganam-se aquelas que acham que devem provar e anunciar com todas as letras, em alto e bom som, que gostam de sexo. Essas queimam o filme, expõem-se demais e, dessa forma, perdem o encanto. O segredo para ganhar um homem no quesito cama é fazê-lo sentir-se o maior e melhor do mundo. A mulher que descobrir o que o envaidece e aplaudi-lo durante o sexo terá o parceiro para sempre em suas mãos, entregue e apaixonado.

A sensualidade, e não necessariamente a sexualidade explícita, é um atributo feminino que homens seguros buscam. Quando associada à feminilidade, faz com que eles ativem a própria masculinidade. A mulher tem o poder de desenvolver no homem a sensação de ser mais viril. E é isso que ele quer. Mas não só isso.

Querem mulheres que sejam mulheres

Os homens querem mulheres assertivas e independentes, mas com jeito de mulher – doce, meiga, afetiva. Não querem mulher com jeito de amigo. Não precisam ser donzelas encasteladas; basta um pouquinho de fragilidade para fazê-los sentirem-se fortes e protetores.

Os homens já são homens, já vivem no seu universo masculino. Quando buscam uma mulher que os complemente, querem a "pegada feminina", aquele universo emocional, fantasioso, um tiquinho dependente.

É aqui que muitas vezes a coisa empaca. As mulheres andam tão preocupadas com uma lista de objetivos – pessoais, profissionais etc. – que não raro se esquecem dos elementos intrínsecos à condição feminina. Até no campo profissional, costumo ver mulheres que se autointitulam em suas funções de maneira masculinizada, com medo de perderem seu espaço, quando, na verdade, poderiam garanti-lo de forma mais positiva se apostassem mais naquilo que as diferenciam: o seu feminino. As mulheres precisam entender que precisam ganhar *para elas* e não *deles*.

Querem ser bem tratados

É outra reivindicação masculina pouco compreendida. O que é bem tratado para um pode ser uma prisão para outro. Assim como a liberdade pode significar respeito, mas também ser sentida como abandono.

Uma relação de cuidado e afeto tem consequências tanto em relação a quem se doa quanto na disponibilidade de quem recebe. De modo geral, os homens querem poder doar-se, sentir-se aceitos na condição de oferecerem o que têm. Quando isso lhes é negado, podem sentir-se maltratados.

Resumindo: nem tanto ao mar, nem tanto à terra. Os homens não querem uma mulher que os trate como um bebê doente. As mesmo tempo, querem pode retribuir a afeição do jeito que sabem fazê-lo, não apenas do jeito que ela disse que se deve fazê-lo.

Eles dizem...

"Eu a amo muito. Certo dia sob pressão, falando que ia mudar de cidade para seguir minha vida, fingi que fui embora. Ela entrou em desespero, bebeu, me ligava com voz de choro etc. Fui ao encontro dela dois dias depois. Ela ficou muito bem, só que já piorou. Na maioria das vezes, ela me trata mal, é fria. Algumas vezes tem dificuldade de transar; eu não sei o que fazer. Ela resolve se abrir, fala que sou o melhor homem do mundo, que confia em mim, que me ama, que qualquer mulher queria estar no lugar dela, mas isso dura pouco e ela volta a ser fria." R. S.

Querem se livrar das nuvens pretas

Os homens detestam ser confrontados, expostos e invadidos emocionalmente. É por isso que uma DR nunca vai para frente quando ela dá uma de mulher-questionário. Nessas situações, eles se afastam e se recolhem, pois tudo o que querem é evitar o combate 24 horas.

Existem mulheres tão inseguras com tudo que passam o dia pintando nuvens pretas e, quando encontram o namorado, marido etc., são praticamente o retrato de um céu cinzento, nublado e pesado, pronto para explodir numa chuva torrencial.

Toda mulher é um pouco autorreferente: se ele não está bem em alguma coisa, ela é culpada, desinteressante, rejeitada, sente-se agredida. Se ele não a procura sexualmente, é porque não a quer mais, e não porque talvez esteja com outros problemas. Tudo é referente a ela e cria o que nós, terapeutas, chamamos de *persecutoriedade*. A mulher sente-se perseguida, criticada, não aceita tal qual se mostra. Tudo acontece por causa dela. Algumas mulheres levam a autorreferência ao limite, tornando a convivência muito difícil, pois passam o tempo todo se defendendo, o que muitas vezes acaba levando ao ataque como resposta.

Os homens querem mulheres que permitam o diálogo racional, que, por mais que haja assuntos difíceis a serem discutidos, consigam criar um clima amistoso.

Só para deixar claro, estão na categoria da mulher-questionário aquelas que posam de psicólogas de plantão, promotoras públicas, investigadoras de polícia ou matronas irritadas.

Eles dizem...

"Sempre fui o lado conciliador no casamento. Ela é a contundente. Sou o "bombeiro", ela apaga o fogo jogando gasolina. É um palco de disputas, não chega a ser um campo de guerra." I. T.

Querem ter opinião própria e ser ouvidos

Basta um homem discordar de uma mulher e emitir seu parecer para que seja imediatamente rotulado de machista. Após décadas de submissão, é compreensível que as mulheres ainda se sintam um pouco na defensiva. Mas o problema é que elas praticamente desenvolveram uma espécie de ditadura comunicativa.

Muitos pacientes chegam ao consultório queixando-se de que não entendem a namorada ou a companheira: elas perguntam, mas parecem não querer ouvir a resposta. É a "Você acha que eu estou gorda?", mas ai dele se esboçar um humilde "mais ou menos". Os homens querem ter opinião própria, e não ser teleguiados pela vontade delas.

Na prática, quando não conseguem dar a própria opinião, acabam agindo de uma maneira ali, no relacionamento, mas de outra completamente diferente longe delas. Não é difícil encontrar casais numa reunião de amigos em que a esposa se surpreende com uma opinião do marido, do tipo "Eu não sabia que você achava isso..." É claro que, não! Ela nunca o deixou falar!

Os homens são, no íntimo, bem mais críticos do que deixam transparecer. Estão sempre falando pela metade. Mesmo que ela insista, nunca terá o depoimento completo deles. Eles sabem que, se o fizerem, poderão feri-la, e sabe-se lá o que pode resultar disso.

Por mais agressivos que os homens pareçam, no fundo, eles fogem de discussões e argumentações que possam levar a uma briga muito mais do que elas imaginam.

Eles dizem...

"Minha casa é o meu shangrilá. Mas é também o meu lugar de conflitos." J. L.

Querem salvá-las

Os homens são tão carentes de serem cuidadores quanto elas de serem cuidadas. Adoram a ideia de que foi ele quem ensinou, e não ela que aprendeu... Por mais que a mulher tome a dianteira – e isso às vezes o ajuda a dar os próximos passos –, o homem precisa ter a sensação de que tudo partiu dele. Perceber a sua importância nas conquistas femininas dá-lhe um sentido de capacidade, de orgulho de ver que o que ele tem para oferecer a ela é valorizado e o confirma. Alertar para impedir que a mulher fracasse indica que ele a salvou e que vão comemorar juntos essas vitórias.

Eles dizem...

"A gente deixa a mulher pegar velocidade e depois não consegue fazer ela parar." U. F.

Querem que elas se cuidem

Eles não reparam no corte de cabelo, nem prestam muita atenção à cor do esmalte, muito menos sabem a diferença entre batom e gloss. Mas, sim, eles querem que as mulheres se cuidem. Não querem em casa um objeto pornossexual, mas também não vale se vestir de pano de chão.

Muitos homens chegam ao meu consultório e confessam: "Dr. eu acho que minha mulher podia se arrumar mais, quem sabe fazer exercícios, comer menos, beber nem se fala. Mas eu não posso abrir a boca; vai ser um grande chororô". Tudo isso faz muito sentido: normalmente, as mulheres que não se cuidam têm baixa autoestima, o que não estimula o homem a conquistá-la, a reafirmar o seu masculino. Aliás, autoestima em baixa não ajuda em nada.

Os homens querem estar com mulheres felizes, querem fazê-las felizes. Ninguém quer viver ao lado de uma pessoa que só reclama da vida, da aparência, de tudo, e não faz nada para mudar.

Já ouvi muita mulher dizer "Meu marido nem repara quando me arrumo". Repara, sim! Mas ele não é sua melhor amiga para comentar cada detalhe da produção. Os homens captam o todo, ou seja, o resultado de cada etapa. Não importa se você mudou a cor do cabelo de castanho claro para castanho médio, se passou sombra marrom em vez de preta: o resultado é o que conta.

Querem amar, não sentimentalizar

A mulher sabe que não funciona assim, mas insiste. Como materializam os sentimentos em palavras, gestos e contato físico, têm dificuldade para entender que os homens não expressam o que sentem da mesma forma que elas.

Eles não carecem de tanta verbalização, até porque se sentem mais confortáveis ao não falar das próprias angústias. É como se tivessem um escudo contra a crítica ou a possibilidade de serem vistos como tolos. Tendem mais para o raciocínio a respeito das questões emocionais, deixando as vivências internas para si próprios. Expor-se pode demonstrar fraqueza e gerar um sentimento de vergonha, que denunciaria sua sensibilidade. Para os homens, sentimento pode ser sinônimo de fragilidade. Se assim for, eles o evitarão a todo custo. É o que chamamos de *emocionalidade restringida*. E tudo o que o homem quer é uma mulher capaz de compreender esse mecanismo, sem taxá-lo de frio ou incapaz de amar. Trata-se apenas de formas diferentes de lidar com a vida interior. Os homens organizam o mundo interior em caixinhas que se interligam; as mulheres, mais fluidas, colocam tudo em grandes bolhas de sabão. Isso vale não só para os sentimentos, mas para as opiniões formadas e as estratégias de ação.

Final
PARA UM FINAL FELIZ

Quando os homens dizem que não entendem as mulheres, ou as mulheres se descabelam tentando entender os homens, a primeira imagem que me vem à cabeça é a do sujeito tentando se entender com o carro ou o computador. Por isso, usei essa metáfora diversas vezes ao longo deste livro. Você acha que conhece a máquina, mas não faz ideia de como ela funciona. No máximo, descobriu que aquele botão aciona tal programa, ou que girar a chave faz o motor roncar. Mas desconhece todo o mecanismo que está por trás disso e, pior, nem imagina quão fantástico e engenhoso deve ser aquele universo, ao se prender a meia dúzia de expectativas. É o que acontece entre homens e mulheres.

Da mesma maneira que eles têm dificuldades e se angustiam por não compreender a alma feminina, as mulheres também sofrem por não encontrar no homem o companheirismo de que precisam para compartilhar suas angústias e anseios.

A comunicação é o meio que permite que cada um conheça melhor o outro. Não me refiro somente a falar, que inclusive nem é a melhor habilidade masculina. Conhecer por meio das mais variadas formas comunicadas pelo outro – gestos, olhares, comportamentos – dá ensejo ao mergulho num mundo diverso ao seu.

Mas, para isso, é preciso livrar-se de clichês e colocar de lado as grandes expectativas, que apenas criam uma enorme barreira para o relacionamento. Rompê-la com perspicácia é o primeiro passo para que se estabeleça uma relação sadia e que contemple o bem-estar a dois. Tal dificuldade de se expor, que é implícita no jeito de ser do homem, vem de uma construção social estabelecida desde a tenra idade, onde os papéis são pré-definidos, ou seja, os pais ensinam aos filhos os valores que deverão exercer e defender durante a vida.

Espera-se que o homem, dentro de seus diversos papéis, seja forte, bem-sucedido, que esconda seus medos e que ainda seja protetor e provedor. De modo geral, são criados para serem autossuficientes e, por isso, têm dificuldade de solicitar, reclamar, intervir, questionar, discutir problemas pessoais e ser enfático fora do âmbito profissional. O grande desafio das mulheres é penetrar no universo masculino: como entender a dinâmica masculina e aceitá-la, se os dois vivem em mundos com expectativas totalmente diferentes?

Desde cedo, as mulheres buscam aprender sobre as relações de amor e suprem-se delas para dar graça à vida. Quando da época do casamento, espelham-se em seus sonhos para vivê-los como se fossem as grandes protagonistas. Os homens criam outros sonhos, quem sabe não tão coloridos quanto os delas, preocupados que estão com as obrigações que terão de cumprir, segundo reza a sociedade, e, ainda, se realizarem com uma família.

Mesmo assim, tanto elas quanto eles lutam diariamente para estarem juntos. Nenhuma mulher fala sério quando diz que o mundo seria bem melhor se fosse feito só de pessoas do sexo feminino. Nem os homens gostariam de passar a vida toda somente entres amigos, curtindo o bar e o futebol. Homens e mulheres querem estar juntos. O que falta? Pilotar a máquina juntos, para chegarem juntos aonde querem.

Antigamente, os homens eram estereotipados e pouco sabiam sobre o que realmente era ser homem; conheciam apenas o que inferiam sem trocas de aprendizado entre si. Hoje eles se permitem e se autorizam com mais largueza. Têm mais coragem de recusar o que não gostam nas mulheres e não precisam estar provando o tempo todo que são machos ou insensíveis. Querem agradar as mulheres que os aceitam e os respeitam, mesmo que não sejam heróis para elas. Querem também buscar seus próprios valores, inclusive relações com mulheres mais completas e significativas, nem sempre voltadas para o que elas podem pensar deles e sim para o que eles têm a lhes oferecer.

Os homens estão aprendendo que não adianta ser homem, é preciso saber sê-lo. Nessa tarefa, a função mais gratificante para eles é complementar o feminino. Quanto mais masculino ele for, mais propiciará à mulher expressar a sua feminilidade. Um carro não anda sozinho. Essa é a verdadeira parceria.

Luiz Cuschnir
www.luizcuschnir.com.br

Este livro foi composto em Berkley
para a Editora Planeta do Brasil
em setembro de 2013.